日経文庫
NIKKEI BUNKO

戦略・マーケティングの名著を読む

日本経済新聞社［編］

日本経済新聞出版社

まえがき

本書は、ポーター、コトラーら巨匠の代表作から、近年ベストセラーになった注目作まで、戦略論やマーケティングに関して必ず押さえておくべき名著11冊の内容を、独自の事例分析をまじえながら紹介します。

取り上げる11冊をすべて読破した人はめったにいないはず。本書を読むことで、数々の名著の概要を知り、内容を比較することができます。

たとえば、グローバル化の進展とその影響について俯瞰的に述べた『フラット化する世界』と、いくらグローバル化が進んでも変わらない国や地域ごとの特性に着目した『コークの味は国ごとに違うべきか』を、対比しながら読み進めることもできます。

また、戦略論やマーケティングの理論は、技術革新や他分野の研究成果の影響も受けて進化します。製造業のイノベーションをいち早く言い当てたクリス・アンダーソン『メイカーズ』や、行動観察、行動経済学の成果を紹介する『なぜこの店で買ってしまうのか』『ファスト&スロー』など、取り上げる本は多彩です。

本書を執筆したのは、ビジネススクールの人気教授や、実務経験豊富な一流コンサルタントたち。自ら選んだ「座右の書」のエッセンスを紹介するだけでなく、現代のビジネスシーンに当てはめ、ケーススタディをふんだんに盛り込みながら、今に通じる意義を解説します。たとえば、『良い戦略、悪い戦略』で紹介する「バーチャル賢人会議」。これは、自分が尊敬する人を頭の中に登場させて、自分のアイデアを批判してもらうという面白い方法です。その他、自分の会社やビジネスに当てはめて考えたくなる手法や事例が数多く収録されています。

各章の冒頭に、現在入手しやすい邦訳書を紹介していますので、興味をもった本があれば、ぜひ手に取って、味わいつくすことをおすすめします。

２０１５年7月

日本経済新聞社

本書は、グローバルに活躍するためにジブンを進化させたいビジネスパーソンを応援するサイト「日経Ｂｉｚアカデミー」（ビズアカ）で２０１１年10月から連載されている「日経キャリアアップ面連動企画」（経営書を読む）の内容を抜粋、加筆・修正し、再構成したものです。同連載からは、本書の姉妹編となる日経文庫『マネジメントの名著を読む』『リーダーシップの名著を読む』も刊行されています。

戦略・マーケティングの名著を読む――〔目次〕

2　『良い戦略、悪い戦略』リチャード・ルメルト著

目　次

6　『フラット化する世界』トーマス・フリードマン著
——スーパーグローバル・スーパーローカルな経営モデル　161
赤羽陽一郎（アクセンチュア）

7 『コトラーのマーケティング3・0』フィリップ・コトラー、ヘルマワン・カルタジャヤ、イワン・セティアワン著
――消費者独裁の時代を読み解く　189
関一則（アクセンチュア）

10 『予想どおりに不合理』ダン・アリエリー著
――人間の「不合理性」は「可能性」でもある　279
清水勝彦（慶應義塾大学）

1

『競争優位の戦略』

マイケル・ポーター著

――バリューチェーンの再編成で競争優位を創る

岸本義之

（ブーズ・アンド・カンパニー〈執筆当時〉）

＊この文書は旧ブーズ・アンド・カンパニーがPwCネットワークの一員、Strategy&になる2014年3月31日以前に掲載されたものです。

競争優位の戦略――いかに高業績を持続させるか／Competitive Advantage：Creating and Sustaining Superior Performance　1985年
マイケル・E・ポーター（Michael E. Porter）著
邦訳：ダイヤモンド社、1985年／土岐坤、中辻萬治、小野寺武夫訳

1　バリューチェーン――事業の内部分析の枠組み

マイケル・ポーターの『競争優位の戦略』は『競争の戦略』の続編として1985年に出版されました。本書で最も有名になった概念は「バリューチェーン」(価値連鎖)です。これは企業活動を、購買物流、製造、出荷物流、販売・マーケティング、サービスという主活動と、それらを支援する全般管理、人事管理、技術管理、調達という支援活動に分解しています。

仕事内容を分解するだけなら誰にもできそうですが、ポーターはさらに持ち味である経済学的な分析の枠組みを適用しました。通常の経済学では、企業が分析対象となり、その内部の仕組みには立ち入りません。ポーターも『競争の戦略』では、事業単位で「ポジショニング」などの優位性の源泉を分析し、それ以上の内部には触れませんでした。

一方、『競争優位の戦略』では、優位性が事業活動の中のどの要素からもたらされているのかを突き止めようとしました。例えば、主活動のどれを内製し、どれを外注するかが、戦略上の重要な意思決定になります。テレビを生産する場合、液晶パネルの製造能力に競争優位の源泉があると考える企業は内製を志向します。逆に、製造については台湾メーカーなどに外注し、自社は別の活動（ブランド・マーケティングなど）に競争優位の源泉を見いだす選択もありえます。

企業が複数の事業部で同様の原材料を購買している場合、その強みが各事業部の競争優位の源泉になっている可能性があります。また、バリューチェーンの下流であるアフターサービスの分野で優位性を得ている企業もあります。アフターサービスを通じて顧客との接点に優位性を得ることができると、好業績を持続しやすくなるメリットもあります。

ポーターが本書で取り上げたバリューチェーンの枠組みは、今でも多くの企業が競争優位についての検討を深めるために用いています。

[ケーススタディ]

◆同じようなポジショニングの企業同士でも競争優位は異なる

Q 「バリューチェーン」って何ですか？

A バリューチェーン（価値連鎖）とは、端的に言うと、事業を行う上での活動を分解して「垂直」方向に並べた、分析用のフレームワーク、すなわち枠組みです。「垂直」方向の最も川上に来る活動が「インバウンド・ロジスティックス」（購買物流）という原材料や部品などを入荷するもので、その次が「オペレーションズ」（製造）、「アウトバウンド・ロジスティックス」（出荷物流）、「マーケティング＆セールス」（販売マーケティング）、「サービス」という順に並びます。ポーターはこれらを「主活動」と呼んでいます。

企業の活動の中には間接業務と呼ばれるものもありますが、ポーターはそれらを「支援活動」と呼び、「ファーム・インフラストラクチャー」（全般管理）、「ヒューマン・リソース・マネジメント」（人事・労務管理）、「テクノロジー・デベロップメント」（技術開発）、「プロキュアメント」（調達活動）を含めています。ちなみに、前述のカッコ内は訳書で用いられている日本語訳です。実際には、価値連鎖よりもバリューチェーンというカタカナの方が定着しています。

ポーターは、こうした主活動、支援活動と、「マージン」とを含めたものがバリューチェーンとなるというフレームワークにしています。マージンとは、総価値と、価値をつくる活動の総コストの差になります。企業が様々な活動を組み合わせることによって、買い手に対する価値を提供し、対価を得ることができ、そこからマージンを得るわけです。その活動や組み合わせ方の巧拙によって、同業他社よりも高いマージンを得ることがありうるということです。その高いマージンこそが、競争優位の結果として得られるものなのです。

◆アップルとサムスン、日本勢のスマホ事業を「分解」する

Q　バリューチェーンに分解すると何が分かるのですか？

A　ポーターの前著『競争の戦略』は、事業の内部の活動に関しては踏み込んだ分析をしていませんでした。彼の理論的バックボーンである経済学では企業（または事業部）の中身について分析することはあまりなく、企業（または事業部）の全体を分析対象とすることが一般的なためです。

一方、『競争優位の戦略』は、社内の活動のあり方（すなわちバリューチェーン）によっては、同じようなポジショニングの企業同士でも競争優位に違いがありうるということを解明しようとしています。

例えば、スマートフォンを生産している企業を見てみましょう。事業全体でのポジショニングとして見てみると、米アップルの「iPhone（アイフォーン）」、韓国サムスン電子の「ギャラクシー」、日本メーカーのアンドロイド端末は、利用者にほぼ同じような価値を提供しているようですが、業績面では大きな違いが出ています。事業全体を見た場合はアッ

プルが差別化戦略、サムスンがコストリーダーシップ戦略、日本企業は中途半端という解釈をすることはできますが、そこまで明確に事業戦略が違っていたわけでもなさそうです。

そこで、バリューチェーンに分解してみると、アップルはマーケティング&セールスの分野に注力してブランド価値を訴求し、音楽配信サービス「iTunes（アイチューンズ）」などで顧客との関係性を強めている一方、製造に関してはアジアの部品メーカーにかなり依存しているということが分かります。

サムスンに関しては、グローバルな生産台数のスケールを達成して製造のコスト優位を追求する一方で、マーケティング面ではiPhoneとの差別化よりは、類似の価値を訴求している傾向にあります。つまり両社とも、バリューチェーンの異なる部分を競争優位の源泉にしようとしており、この違いは明確です。

これに対して日本の各メーカーは、製造のスケールも得られず、ブランド価値も高められず、日本国内を寡占している携帯電話会社の営業力に依存している姿です。これでは、競争力は高まらず、マージンもあまり得られないというわけです。

このように、バリューチェーンという枠組みを通して考えることで、自社が競争優位を高めるためには、どの活動を最重要視すればよいのか、という選択をしやすくなるのです。すべての活動を全体的に強化してもよいのですが、経営資源の総量に制約がある中では、他社に対して最も有効な違いを生み出せる分野を特定し、そこを強化する方が賢明です。

◆「ものづくり」だけでは後発企業に追いつかれる危険性が高い

Q バリューチェーンの考えに基づいて戦略を立てられるのですか？

A ポーターは日本企業に戦略がないと繰り返し批判していますが、これは同質的競争で突き進むという、ポジショニング上の問題だけでなく、オペレーション効率という、優位性に差がつきにくい領域だけを強調するという問題があるためです。メーカーが「ものづくり」を強調するのは自然なことではありますが、製造はバリューチェーンの中でも差がつきにくい領域であり、後発企業に追いつかれる危険性が高いということを認識すべきです。

では、バリューチェーンの中で優位性に差がつきやすいところはどこなのでしょうか。例えばマーケティング&セールスや、サービスの分野は差がつきやすい領域です。かつて松下電器産業（現パナソニック）は、日本全国に「ナショナルショップ」というチェーン店を展開し、競合に圧倒的な差をつけていました。この強みは家電量販店の登場という「買い手」側の業界のイノベーションによって失われたわけですが、それまでは長期的に優位性として機能していました。顧客との接点に近いところを自ら押さえれば、製品に特長がなくても優位性を維持できたのです。

◆「川下」でも競争優位を築いたコマツ

建設機械などの分野では、「キャプティブ・ファイナンス（メーカー系列会社による金融）」というサービス業務が優位性の鍵を握っています。建設機械のユーザーである建設業者（実際の工事をする下請け業者）は、1台1000万円近くする建設機械を現金で買うことはなかなかできません。かといって、工事量の多寡によって毎年の業績が上下する会社には、銀行はなかなか融資をしてくれません。

米キャタピラーは、自社の建設機械を分割払いで買えるようにするだけでなく、必要な時期だけ機械を貸すというレンタルや、顧客の運転資金の融資までするという金融サービスをグループで展開しています。審査を通り、遅れなく返済したという記録が残れば、以降も比較的スムーズにファイナンスが受けられます。そうなれば、次回は別のメーカーから買おうという気にはあまりならず、キャタピラーの機械を利用することになるでしょう。

日本では、コマツが建機レンタル事業に注力してきました。国内では2000年以降、公共工事の削減によって下請け建設会社の経営が厳しくなり、来年仕事があるかどうかも危ういという状態になりました。こうなると、高額な建機を購入しても資金負担が過重になってしまいます。

そこで、工事のある時にだけ機械を借りるというレンタルへのシフトが加速しました。建機メーカーから見ると、独立系の建機レンタル会社は多数の建機を購入してくれる大口顧客でもあるのですが、あまりレンタル会社に依存していると、エンドユーザーとの接点を失ってしまいますし、価格交渉力をレンタル会社に握られてしまいます。

そこでコマツは、以前から系列販社が各地で子会社として設立していた小規模のレンタル会社を合併させて、コマツレンタルという全国規模の会社に再編しました。そして「工事を止めない、遅らせない」というスローガンのもとに、レンタルのサービスレベル向上を行ったのです。

レンタル建機には「KOMTRAX」と呼ぶ無線機能をつけているので、機械の稼働時間数などをリアルタイムで把握し、適切なタイミングで（長期貸出中の機械は、別の機械と入れ替えて）メンテナンスに回すこともできています。

また、中古建機はアジアに高値で売却できる場合があるので、国内外の市場の状況を見ながらレンタル在庫機械を海外に販売することによる利益機会も追求できます。他社に先駆けてこうした体制を築いたため、市場が冷え込んでいた中でも、バリューチェーンの川下であるサービス分野での差別化ができたのです。

2　コスト優位や差別化——価値連鎖の視点で多様に

マイケル・ポーターは『競争優位の戦略』で、バリューチェーン（価値連鎖）の枠組みに沿って社内の活動を理解すれば、コスト優位や差別化といった競争優位の源泉を具体的に特定できるとしています。

コスト低減というと、要素を細かく分解して、個別に改善することが一般的です。しかし、社内の活動を社外に出す方が低コストという場合もありえます。

複数の活動間の関係によってコストが変わる場合もあります。例えば、生産管理のコストを上げると、検品やサービスを効率化でき、総コストが減ることがあります。

バリューチェーンを根本から組み替えることもありえます。例えば米国のサウスウエスト航空は、大型空港をハブとする大手航空会社とは異なり、空港利用料の低い二次空港や中小都市を直行で結ぶルートをとり、顧客サービスを省略することで低価格戦略を実現しました。

差別化の源泉に関しても、バリューチェーンの特定の活動が鍵を握ることがあります。ただし、製品そのものの優位性による差別化だけでは、模倣されやすいという問題が起こりえます。チャネルの評判のよさで差別化が実現することもあります。チャネルとの良好な関係性を構築することは容易ではないので、後発の他社に模倣されにくいという利点があります。

複数の活動間の関係によって差別化につながる場合もあります。例えば、受注から納品までの時間の短さが重要視される場合、受注処理や社内連携のスピードが重要になります。

バリューチェーンの組み替えによる差別化として、自社製品を販売するだけでなく、関連する外部商品をワンストップで提供するという方法もありえます。これは顧客の利便性が向上するだけでなく、外部のサプライヤーに購買量を背景にして仕入れ価格を低減させるという効果もあり、高いマージンが実現しやすくなります。

［ケーススタディ］

◆バリューチェーンを用いたコスト管理

Q　バリューチェーンの枠組みを使ってコスト優位を生み出せるのですか？

A　ポーターは本書の中で、「コスト・ドライバー」（訳書ではコスト推進要因）という言葉と、「コスト・ビヘイビア」という言葉を使っています。ポーター自身はこの用語の定義を説明していないのですが、前者はインプットとしての「どの活動がどのようにコストを増加させるのか」、後者はアウトプットとしての「コストがどのような挙動を示すか」を表すと考えるとよいでしょう。

例えば、生産規模が大きくなると一般的に製品当たりのコストは低下しますが、逆に原材料を常に大量に調達し続けないといけないため、場合によっては購買コストが上がってしまうこともあります。この場合、調達活動と生産活動において別のコスト・ドライバーが働いていて、コスト・ビヘイビアとしては「生産量が一定まで増えるとコストは下がるが、それを超えるとかえってコストが上がる」ということになります。

このような関係を理解する上で、バリューチェーンという枠組みは役に立ちます。バリューチェーン内の複数の活動のおのおのについてコスト・ドライバーを理解すれば、自社で内製化した方がよい活動と、社外に委託した方がよい活動の区別もつきやすくなります。

ポーターは、コスト・ドライバーは10種類あると示しています。そのうちの①規模の経済性②習熟度③キャパシティー利用のパターン――の3つについては、一般的に理解されていることです。しかし、④連結関係＝自社のバリューチェーン内、または他社の活動との関係性によって、トータルのコストが下がる⑤相互関係＝自社の他の事業との協力などによってコストが下がる⑥統合＝川上または川下の活動を自社内に取り込んでコストを下げる――の3つは、バリューチェーンという枠組みを用いることによって明確化されたと言えます。ちなみに残りの4つは⑦タイミング⑧ポリシー選択⑨ロケーション⑩制度的要因――です。

◆バリューチェーンを用いた差別化

Q　差別化の源泉はどうすれば見つけられるのですか？

A　差別化は、顧客（買い手）にとって意味のある価値を生み出すことによって実現します。買い手にとっての価値とは「買い手のコストを下げる」か「買い手の実績を上げる」かであると、ポーターは言います。

このことは、企業向けビジネスにおいては明快です。自社の競争力を高めてくれるような商品・サービスには価値があり、それが競合他社から供給されないとなれば、プレミアム価格を払うことになるでしょう。例えば納期が早くて正確という場合も、それによって買い手企業の操業率が高められるのであれば、プレミアム価格につながる可能性があります。

消費者向けビジネスにおいては、買い手にとっての価値はより微妙です。「買い手のコスト」の中には、時間的コスト（すぐに見つけられる）や心理的コスト（悩まずに済む）も含まれます。「買い手の実績」には、主観的なニーズを満たして満足度を上げることが含まれます。

多くの企業では、差別化という言葉は、「製品差別化」として理解されています。つまり、製品の性能や機能、品質に注力することが重要という考え方です。しかし、買い手は必ずしもそうは捉えていません。むしろ、製品そのものはどの会社も似たり寄ったりで、ブランドの評判やサービスの違いの方が顕著ということも多くあります。差別化の源泉は、バリューチェーン内の様々な活動の中にあります。買い手の購買基準は何なのかということを理解することが重要です。

◆デルはＩＴ化された「富山の置き薬」方式で在庫を極小化した

Ｑ　バリューチェーンの組み替えで競争優位をつくれるのですか？

Ａ　デルはインターネット直販で急成長した企業として有名ですが、既存のパソコンメーカーとは異なるバリューチェーンを選択して、競争優位の源泉を形成しました。デルが急成長を遂げていた2000年ごろの米国パソコン市場では、コンパックが店舗販売分野での低価格販売で大きなシェアを占めていた時期でした。

当時のパソコンの店舗チャネル販売においては、小売りの店頭とメーカーとで合計75日分くらいの在庫を持っていました。年に3回程度モデルチェンジをしていたので、そのたびに店頭の旧型モデルが大幅に値引きされていました。ダイレクト販売を行っていたデルは、いわゆるBTO（ビルド・トゥ・オーダー、受注生産）なので、店頭在庫を持つ必要がなく、旧モデルの値崩れの心配も必要ありませんでした。00年ごろのデルの在庫日数は、部品在庫のみで6日だったと言われています。

デルの部品在庫受発注の仕組みはVMI（ベンダー・マネージド・インベントリー）と呼ばれるもので、いわばIT（情報技術）化された「富山の置き薬」方式です。部品メーカーは、デルのパソコン組み立て工場のすぐ横に部品置き場を持っていて、デルは顧客からの注文に応じてパソコンを組み立てる際、必要な数だけ、その置き場から部品をピックアップします。

この瞬間に部品メーカーからデルへの売り上げがたつ（所有権が移転する）わけです。デルは部品メーカーに対して「いつまでに何の部品を何個納品してほしい」というような発注指示は出しません。その代わりに、日々の顧客からの受注状況（どの型のパソコンが何台売れているか）の情報を部品メーカーに公開しています。

部品メーカーとしては、リアルタイムでエンドユーザーへの売れ行き情報が分かるため、それに合わせて生産計画を見直すことができます。間にパソコンメーカーをはさんで「伝言ゲーム」を行うよりも、エンドユーザーの情報を直接見ることの方が有効という考え方です。こうした工夫もあって、デルは在庫を極小化できていました。

◆バリューチェーンを組み替え、部品価格の下落メリットを〝独り占め〟

では、在庫が極小化できると、どういうメリットがあったのでしょう。00年当時は、パソコンの主要部品である半導体価格が急速に下がるという現象が起きていました。ある世代の半導体が開発された当初は歩留まり率が低く、価格が高いのですが、量産効果が表れ始め、習熟効果によって歩留まり率が上がることで、毎月のように価格が低下するという現象が起きていました。つまり、ある日に同じようなパソコンが売られていたとしても、片方は75日以上前に買った高い半導体を組み込んでいて、もう片方は6日前に買った安い半導体を組み込んでいる、というようなことになっていたのです。

ネットによるダイレクト販売という点が脚光を浴びたデルですが、その裏では、地味ながらも在庫回転率の高さによるコスト優位性を生み出していたというわけです。このコスト優位は、バリューチェーンの中の個別要因を改善して生み出したものではなく、バリューチェーンそのものを組み替えることによって得られたものなので、コンパックなどの従来型メーカーは容易には追随ができなかったのです。

では、差別化という観点においてはどうだったのでしょうか。デルは「買い手の価値」を高める上で、当初は大企業ユーザーに焦点を当てました。大企業でのパソコンの買い替え需要において、システム部門は悩みを抱えていました。ユーザーである従業員が、職種ごとの利用ニーズに応じて、様々な機種・性能のものを欲しがるようになっていたのですが、それにいちいち応えていては管理が極めて煩雑になってしまうのです。デルは大企業向けの営業部隊を編成して、そうしたシステム部門を訪問し、「企業内のイントラネット上の画面を通じて、システム部門が事前に設定した範囲内で、各ユーザーが自由に機種・性能を選択してパソコンを買い替えられる仕組み」を提案して回ったのです。

◆「本当の買い手」の課題を解決し、スイッチング障壁も築く

大企業の従業員は自分の業務ニーズに合った機種を選択でき、システム部門は統合的に仕様を管理・把握することが容易にできるようになりました。いったん、この仕組みを導入すれば、よほどのことがない限り、この企業はデルの用意した仕組みを使い続け、デルのパソコンだけを買い続けてくれることになります。同じ性能であれば他社のパソコンよりも安く価格が設定されているため、システム部門としては一石二鳥です。

デルにとっては、「本当の買い手」(意思決定者)のニーズを解決して価値を提供できただけでなく、スイッチング障壁(他社に切り替えるためにかかる追加的なコスト)をつくり出すこともできたのです。これもまた、バリューチェーンの組み替えによってもたらされた優位性であり、旧来型の同業他社では容易に追随できないものとなりました。

ポーターが『競争優位の戦略』を著した1985年当時は、このような鮮やかなバリューチェーンの再編成は想像できなかったはずです。インターネットブームのころに登場した企業のうち、すぐに姿を消してしまった企業も多かったのですが、それはバリューチェーンの一部をネットに置き換えただけだったと言えるのでしょう。それに対して、デルやアマゾン・ドット・コムはバリューチェーンの再編成に成功したため、ITバブル崩壊を乗り越え、

一時代を築いたと言えるでしょう。

3　事業間の相互関係に着目——横につながった組織が必要

ポーターは『競争優位の戦略』でバリューチェーン（価値連鎖）の枠組みをもとに、事業をまたがる活動にも着目しました。それを水平（ホリゾンタル）戦略と名付けています。それまでの経営学では、事業部をまたがる本社の戦略は事業ポートフォリオの管理にあるとされていました。ポートフォリオの管理とは事業の買収や売却・撤退を前提としています。

しかし、それだけでは、相乗効果（シナジー）という考え方が希薄化します。実際、1970年代ごろまでは非関連事業を買収するコングロマリットが成長モデルとして注目されていました。しかし、コングロマリット型は事業の寄せ集めにすぎず、買収前より業績がよくなるという効果が出ませんでした。そこで、企業は関連性の高い事業に絞り込むようになり、事業間の相乗効果への関心も高まりました。

ポーターは事業間の相互関係として、まず有形の相互関係を取り上げます。事業部をまたがってバリューチェーンの活動のどれかを共同化できれば、優位性を生み出せる可能性が出ます。次に無形の相互関係に着目します。無形のノウハウも事業横断で共有できれば、優位性につながることがありえます。３つ目は、競争業者の相互関係です。競争業者も似た分野に多角化している場合、他の事業への影響も考慮することが必要です。

事業間の相互関係を生かして優位性を構築するには、事業をまたがったヨコ型（ホリゾンタル）の組織や仕組みが必要になるとポーターは言います。組織区分を大くくりにしたり、事業計画を立てる際に他事業との関係性を明記したりという工夫が必要になります。

ちなみにポーターは、日本企業がこうしたヨコ型の組織運営にたけていると評価しています。日本企業の武器は、最初は低賃金、次に高品質・高生産性でしたが、将来は相互関係を基にした創造力が強みになるだろうと、85年当時のポーターは記していました。

［ケーススタディ］

◆日本企業の水平戦略

Q　水平戦略とシナジーは同じことですか？

A　ポーターは本書の中で、１９６０～70年代のコングロマリット的な多角化に関して、「シナジーはアイデアはよいけれども、実際には発生しなかったようだ」と評しています。

そのころの多角化というのは、企業買収を繰り返すことによって、株式投資家に「きっと高成長するはずだ」という期待を持たせ、株価を釣り上げるという事例が多かったと言われています。

企業を買収するには、その時点での株価よりも高い価格で買うことになるのですが、その価格差（プレミアムと呼ばれる）を正当化する論拠として、「シナジー」という言葉がもっともらしく使われていました。しかし、コングロマリットの多くは、期待ほどには業績を上げられず、株価も低迷し、せっかく買収した企業を次々に売却して、解体されていきました。

コングロマリット型の多角化が失敗に終わって以降、欧米企業の間では、事業ポートフォリオという考えが広まりました。事業の競争力（成長性や利益性）を個別に評価する「プロダクト・ポートフォリオ・マネジメント」という考えが登場したのも70年代です。この考えにおいては、各事業は独立した存在であり、事業間の重なりが起きないようにして、事業の業績（および事業部長の責任）を明確化することが重視されました。そのため70年代には、シナジーという概念への注目度も下がっていきました。

シナジーという言葉は、「複数の事業間で生じる何らかの好影響」を漠然と表す言葉として旧来は使われていました。それに対して、85年にポーターが主張した水平（ホリゾンタル）戦略とは、複数の事業のバリューチェーンのどことどこが作用して、低コスト化もしくは差別化を強めるのかを、具体的に特定しようとする枠組みなのです。

◆日本企業が受け入れやすかった「事業ドメイン」の概念

Q　水平戦略は「事業ドメイン」という考えとは違うのですか？

A　欧米企業では事業ポートフォリオという概念が定着したのですが、日本企業にはあまりなじみませんでした。ポートフォリオという言葉は株式投資などにも用いられる言葉で、入れ替えが可能な銘柄の組み合わせという意味で使われています。つまり、事業をいつか売却しうるということが前提になっていて、そのために事業間の重なりが起こらないように事業部の業務を切り分けていました。欧米では買収によって多角化を指向した企業も多く、もともと別会社だったものを事業部としたので、他の事業との重なりがないことも一般的でした。

一方、日本企業の多角化は、社内にもともとあった事業の隣接領域に自前で進出するというタイプが主流でした。このため、元の事業との境界があいまいで、たとえて言うなら「増築を重ねた温泉旅館」のような状態です。これでは、事業を切り出して売却するのも大変ですし、ポートフォリオとは呼びにくかったわけです。

「事業ドメイン」という概念は、80年のデレク・エーベルの著書『事業の定義』によって提唱されたと言われています。顧客、機能、技術という3つの次元で共通性の高いくくりを、事業の単位と呼ぶべきであるという主張です。この主張は、日本企業にとって受け入れやすいものでした。顧客、機能、技術のどれかが共通していればわが社が進出すべき領域であるという解釈ができるからです。事業ドメインという用語は欧米の経営学の文献ではあまり登場しないのですが、日本の経営学では非常にポピュラーな用語となりました。

事業ドメインの代表例と言われたのが日本のＮＥＣによる「Ｃ＆Ｃ」（コンピューター＆コミュニケーション）です。これは77年に打ち出されたコンセプトで、当時は別の事業と考えられていた計算機と交換機の両方に強みを持っていた同社が、この2つを包含・融合した領域を将来目指すとしたのです。ポーターは『競争優位の戦略』でこのＣ＆Ｃを取り上げ、事業間の相互関係を活用した戦略として高く評価しています。

つまり、事業間の重なりをなくすという事業ポートフォリオの考えではなく、事業間の重なりを有効活用しようという事業ドメインの考えの方が、ポーターの言う水平戦略に近い考えとなります。日本企業のいう事業ドメインは、漠然とした共通性を指す場合が多いのですが、それをバリューチェーンの具体的な要素間の連携と定義したのがポーターの枠組みなのです。

◆水平戦略の成功例か、買いかぶりか――日本企業の多角化

Q　日本企業の多角化は、水平戦略の成功例と言えるのでしょうか？

A　ポーターは、日本企業における事業間の相互関係の強さに関して、「日本はその独自の歴史のなかで、多角化会社を、タテ組織とヨコ組織の絶妙のバランスをとって運営する力を身につけてきたようである」と本書で記しています。

これは若干、買いかぶりのようにも思えます。日本企業では、事業部門の責任範囲が曖昧にされているために、事業部門長の判断で隣接領域に勝手に進出できてしまいます。例えば、売り上げ目標が達成できなさそうな場合、新領域に出て売り上げを積み上げるという行動です。既存事業の経営資源を流用できるので初年度からある程度の利益も生むことができ、事業部としては売り上げも利益も増えたことになります。

この副作用としては、隣接事業の利益率が本来の事業よりも低くなることが多いために、事業部の売り上げと利益が増えても、利益率は低下しがちという点があります。そのため、ポーターが重視する「高いマージン」の実現には必ずしも寄与しないという結果になりやす

いのです。

とはいうものの、関連性の低い事業を買収して、シナジーを考慮せずに独立的に運営する欧米的なポートフォリオ管理よりは、日本的な多角化の方が、ポーターの言う水平戦略に近く、それがうまく作用すれば高マージンを狙える可能性もあることは確かです。

ポーター流のバリューチェーンの考えにうまく当てはまりそうな事例として、キヤノンを考えてみましょう。

もともとカメラメーカーとして1930年代に創業した同社は、60年代に電子卓上計算機を手始めに事務機の分野に進出し、70年には国産初の普通紙複写機を発売しました。ここまでは、精密・光学機械メーカーとしての技術的親和性を基にした多角化と言えます。

事務機の分野でビジネスを行うには販路が必要になり、68年にキヤノン事務機販売が設立されました。コピー機においては、ゼロックスの大型機との競合を避けて小型機を強みとしたのですが、そうなると中小企業への販路が必要になり、キヤノン販売（71年にキヤノン事務機販売などを母体に発足、現在はキヤノンマーケティングジャパン）は全国に営業所を開設していきます。

◆ポーターの「5つの力」を駆使

その後、キヤノンはワープロやファクス、プリンターなども開発するようになり、キヤノン販売はそうした商品も併売するようになりました。その一方で、キヤノン販売は83年に米アップルと販売提携して親会社以外の商品を売るようになり、また85年には米IBM、86年には米ヒューレット・パッカードとも提携しました。

全国に販路と顧客ベースを持つキヤノン販売は、外資系企業にとって理想的な提携相手だったのでしょう。外資系企業としては、ライバルの商品を同時には扱ってほしくなかったはずですが、そのデメリットがあってもなお、同社と組みたかったということになります。

この多角化は、バリューチェーンでいうと、販売・サービスの拠点網の強みを生かして、親会社製品（主にコピー機）だけでなく、外資系のワークステーション（当時の呼び名）なども販売するというものでした。

その後、コンピューター業界では米マイクロソフトの基本ソフト（OS）「ウィンドウズ」が大半を占めるようになり、ハードウエアはどこのメーカーでもよいという時代になりました。キヤノンマーケティングジャパンは、その初期から、今でいう「マルチベンダー」（多数のメーカーの商品を扱う販売店）戦略を実現できていたことになります。コピー機やプリンターの分野においては自社グループの製品を販売しますが、コンピューターの分野では、顧客のニーズに合わせて最適なメーカーの商品を選択して販売できる立場になるのです。

さらに言うと、コンピューターメーカーに対する交渉力が強まるので、有利な価格条件で仕入れることも可能になります。まさにポーターの「5つの力」をうまく使っていることになります。

◆バリューチェーンに差別化の源泉を数多く持つ

外資系コンピューターメーカーから見ると、キヤノンマーケティングジャパンは、もはや不可欠の重要なビジネスパートナーになっています。日本IBMは2002年に販売チャネルの再編を行い、キヤノン販売など約10社をVAD（バリュー・アディド・ディストリビューター）と名付けた一次代理店に選びました。その他の代理店の多くはVADを経由して取引を行う二次代理店になり、それまで日本IBMが担っていた代理店支援の役割をVADが肩代わりする体制になったのです。

他のメーカーの機器も販売する会社に対し、それほどまでの役割をIBMが期待するということは、キヤノンマーケティングジャパンの存在感がそれだけ大きいということでしょう。

ポーターは、製品のみの差別化は模倣にあいやすく、バリューチェーンに差別化の源泉が多数ある方が持続的な競争優位につながりやすいと論じていますが、キヤノンが販売・サービス面での強みを軸にIT（情報技術）サービス事業を展開しているのは、まさにポーター的な水平戦略と言えるでしょう。

4　業界リーダーを攻略――正面衝突は避ける

ポーターの理論は、ポジショニング学派との呼び名にもあるように、競争の激烈でないところに陣取ることを説く内容だと思われています。確かに同質的な競合がひしめいていては、価格競争に陥りやすく、利益は上がりません。しかし、『競争優位の戦略』の最終章では、業界リーダーに対する攻撃戦略を説いています。

ただし、ポーターらしく、「似たような戦略で真っ向からぶつかってはならない」と述べます。攻撃戦略の基本条件とは①低コストか差別化の点で持続的な優位性を持つ②それ以外の点でリーダーの強みを生かせないようにする③リーダーによる報復ができないようにする――という3つが必要と指摘します。

米サウスウエスト航空などの格安航空会社は大手と異なるバリューチェーンによって低コストを実現し、付加サービスを重視しない乗客には十分な程度のサービスで参入しました。報復防止の手段は備えていませんでしたが、固定費の重い大手は同レベルまで値下げできませんでした。

リーダーを攻撃する道筋は3つあるとポーターは言います。1つ目は、まさに本書の主題であるバリューチェーンの再編成です。製品の改良のみならず、物流やサービスを改善したり、マーケティングを革新したりと、様々な打ち手を組み合わせることが可能です。

2つ目は、競争の範囲（スコープ）を再定義し、正面衝突を回避することです。これには、あるセグメントに競争の舞台を狭める集中戦略や他事業との関連性を生かす水平戦略などが含まれます。

3つ目は、より巨額の資金を投入することです。しかし、これは失敗の可能性が高いので、他の道筋を補完する場合にのみ意味があります。

バリューチェーンの再編成が競争優位のために有効なことは、多くの実例から説明できます。この枠組みは今でも企業戦略の立案のために役に立っているのです。

［ケーススタディ］

◆リーダーが発する「弱さ」のシグナルとは

Q　リーダーの弱みはどうやって見つけるのですか？

A　ポーターは本書の最終章で攻撃戦略を論じる中で、リーダーの弱さのシグナルについて述べています。業界全体が構造変化に直面しているとき、リーダーは業界内で相対的に恵まれているために、変化に対する対処が遅れがちになるというのが、1つのパターンです。例えば、技術の変化、買い手の変化、チャネルの変化、原材料供給の変化など、業界の外側の要因が変化した場合、リーダーは既存の強みを自ら否定して新たなバリューチェーンを構成しようとはなかなかしません。一方、攻撃戦略をとる企業は、その変化を逆手にとって、リーダーよりも優位な立場に立てる可能性があります。

もう1つのパターンは、業界内でのリーダーのポジションが弱まる場合です。リーダーは往々にして低コストと差別化の両方を満たそうとして、中途半端な立場に立つことがあります。それに対して、挑戦者は低コストか差別化のどちらかに的を絞って攻撃することが可能になります。また、買い手の不満に対してリーダーがきちんと対応していない場合も、攻撃戦略をとれる余地があります。リーダーの利益率が非常に高く、その利益率の低下を嫌う場合は、報復のために余計なコストをかけなくなるので、攻撃に対する反撃が遅れる可能性も出てきます。

リーダーの弱みが露見した典型例と言えるのが、オンライン・チャネルの興隆でした。例えば、2000年ごろに米国パソコン市場のリーダーだったコンパックは既存のバリューチェーンに依存していたためにオンライン・チャネルへの対処が遅れ、デルが企業内ユーザーや先進的個人ユーザーに的を絞ったオンライン・チャネルで攻撃を仕掛けることができたのです。

◆リーダーによる報復を封じ込める方法

Q　リーダーに反撃されたら勝てないのではないですか？

A　ポーターは、攻撃戦略の基本原則を3つ掲げていますが、1つ目は持続的な優位性をつくること、2つ目はそれ以外の点でリーダーの強みを生かせないようにすること、3つ目が、リーダーによる報復ができないようにすることです。

リーダーが報復できない場合の1つは、報復をしようとすると、リーダーのもともとの戦略と矛盾を生じる場合です。大手航空会社のように、高レベルのサービスを優位性の柱にしてきたリーダーに対して、サービスを必要としない格安航空会社のような挑戦者が攻撃をした場合、リーダーは報復が難しくなります。また、リーダーが大きなシェアを既に有している場合に、製品保証の条件を手厚くする挑戦者が現れると、リーダーは同じ策で対応すると非常にコストが高くつきます。高炉など、設備投資の負担が非常に大きな業界では、次世代の低コスト製鉄技術の挑戦者が現れても、現世代の設備を廃棄して新世代に移行することが困難なので反撃ができません。

リーダーが市場の変化を読み誤る場合もあります。大型バイクで米国市場を支配していたハーレー・ダビッドソンや、大型複写機で米国市場を押さえていたゼロックスは、日本メーカーが小型の製品で上陸してきたときに、自らの主戦場ではないために対抗策をとらず、顧客の小型シフトが進むのをしばらく見逃してしまいました。

リーダーが幅広い顧客を相手に高いシェアをとっている事業では、平均コストに基づいて価格を設定している場合があります。ここで、大口顧客にはより低コストで提供しても採算が合うという場合、挑戦者はそこだけに的を絞って攻撃を仕掛けることができます。この場合、リーダーはシェアだけでなく利益率も低下してしまいますが、利益率の方を守ろうとすると、他の顧客に値上げをすることになり、かえって挑戦者に攻撃の余地を与えてしまいます。この場合は、リーダーはもともと大口顧客の価格を下げておいて、挑戦者の参入を予防すべきなのですが、そうした策をとっていなかった場合は、挑戦者の側が有利になるのです。

3原則の最初の2つだけを満たした攻撃では、リーダーの反撃を受けてしまいますが、3つ目までを満たしていると、反撃をあまり受けずにすむことになります。

◆リーダーに挑戦し、勝利した日本企業

Q リーダーと違う戦いをして勝った日本企業はあるのですか?

A 日本企業は同質的な戦いを好む傾向があり、なおかつ撤退をしないので、業界内の全社が価格競争に巻き込まれ、低利益率にあえぐことになります。このため、ポーターは日本企業には戦略がないと言って批判をしてきました。

リーダーとは異なるバリューチェーンを構築して挑戦を仕掛け、リーダーの地位を逆転させた事例として、ヤマト運輸を見てみましょう。

ヤマト運輸が1976年に「宅急便」事業に参入するまで、個人が荷物を送る場合は、郵便局の小包(現在は、ゆうパック)、または鉄道手荷物(チッキ)しか手段がありませんでした。信書の配送は法律によって郵便局にしか認められていませんが、荷物の配送は一般事

業者でも可能です。しかし、郵便局は全国に2万もの拠点を擁しており、毎日のように郵便物を届けるという体制を構築しています。この牙城に挑もうと考える輸送業者はありませんでした。そもそも輸送業界では、小口の荷物を集めるのはコストがかかりすぎるので、大口荷物に的を絞った方がよいという考え方が支配的でした。

しかし、当時のヤマト運輸の小倉昌男社長は、大口荷物の分野で出遅れたこともあり、単価の高く取れる小口荷物を大量に扱えば売り上げは高まると考え、宅急便を開発しました。荷物1個でも家庭まで集荷に行くということで、郵便局に持っていくよりも便利というサービスを提供し、また荷造りも簡単でよいという利便性も打ち出し、さらに翌日配達で低運賃という点がアピールして、初年度から取扱量を急速に増やすことになりました。当時は郵便と比べても小包の配送日数は長く、数日かかることが当たり前でした。競合がいなかったために、そうした状態だったのでしょう。

ポーター流にいうと、こうした差別化の要素がリーダーよりも優位に働き、ヤマトの宅急便は大きくシェアを伸ばしていきました。一方、大手コンビニで受付できるようになったため、拠点数の不利も問題にならなくなりました。ポーター流にいうと、第2の原則も満たしたわけです。

◆今こそ有効なポーター理論――同じ土俵でも大型力士に勝つ

では、第3の原則である、リーダーの反撃をどう防いだのでしょうか。ヤマトは宅急便の成長に合わせて、配送員の数を増強しており、現在では5万5000人に達しています。これだけの数がいれば、各担当者の受け持ちエリアを狭く定義することができ、日に何度も同じ場所に届けることも可能になります。今では再配達受付システムも充実させてきたため、再配達をその日のうちに行うことも可能です。

近年では在宅率の低さが、宅配ビジネスの大きな問題になっています。郵便小包は、受取人のもとへは、郵便物の配達（自転車や原付きが多い）とは別に、小包用の配達員が回っています。もともと、数日で配達することを前提に組まれていて、再配達の利便性までは念頭に置いていなかった配送のしくみですから、ヤマトに対して反撃を打とうにも、荷物配達用のインフラが整わず、どうしても後手に回らざるをえませんでした。配送員や車両、情報インフラなどに先行投資をしたヤマトは、リーダーによる反撃を予防することができていたと言えます。

ポーターは、同質的な過当競争に陥ることを避けるべきだと主張してきました。競争の土俵をすみ分けることも、過当競争を避ける方法の1つですが、バリューチェーンを再編成することによっても、同じ土俵の上で大型力士に対する攻撃を仕掛けることが可能になるのです。こうした戦略的思考の土台にあるのが、『競争優位の戦略』でポーターが導入したバリューチェーンの枠組みです。30年の時を経ても、こうした考え方は有効であり、特に低成長時代だからこそ（右肩上がりによる結果オーライが期待できないからこそ）、ポーター理論に立ち返って戦略を練り直すことが重要になっているのかもしれません。

2

『良い戦略、悪い戦略』
リチャード・ルメルト著
——実行と直結しているか、単刀直入で単純明快か

平井孝志（ローランド・ベルガー）

良い戦略、悪い戦略／Good Strategy Bad Strategy：The Difference and Why it Matters　2011年
リチャード・P・ルメルト（Richard P. Rumelt）著
邦訳：日本経済新聞出版社、2012年／村井章子訳

1　目標を戦略と取り違えるな！——目標設定は戦略ではない

『良い戦略、悪い戦略』の著者リチャード・P・ルメルトは英経済誌『エコノミスト』の「マネジメント・コンセプトと企業プラクティスに対して最も影響力のある25人」にも選ばれた戦略論の世界的権威です。本書ではこれまでの膨大な研究成果を生かし、良い戦略とは何か、悪い戦略とは何かについて論じています。

ルメルトはまず「戦略」という言葉がとても便利な言葉になってしまったと指摘します。買収をすれば「成長戦略」、マーケティングに関わることならすべて「マーケティング戦略」といった具合です。「戦略」も何を意味し、何を意味しないのかをハッキリと線引きすべきです。

現在、戦略として発表されるものは、専門用語や業界用語によるごまかし、美辞麗句で飾られた空疎な目標になっているケースが大半です。

破綻した米エンロンの戦略は「電子取引プラットフォームの運営者」「相対取引の仲介者」「情報の収集・提供者」になることでした。ただこれは戦略とは違います。パン屋がパンを作りますというのと同じで、意味がないからです。戦略は何をどうやって実現するのか、それはなぜかを示さなければなりません。そうでなければ単なるスローガン、掛け声です。「売り上げを毎年20％伸ばす」「お客様に選ばれる会社になる」といったものも戦略ではないとルメルトは言います。単なる業績目標にすぎません。特に非現実的な目標、間違った目標、各事業部が作った計画を寄せ集めたホチキス目標は百害あって一利なしです。

これらの目標を与えられた組織は何をどうすればよいのか途方に暮れ、しらけてしまいます。本当に有効な戦略を練り上げて実行しようとしている人にとって、大きな障害物にもなります。戦略策定の難しさは、結局のところ選択の難しさにあります。本当になすべき大事なことを明らかにし、何をしないのかをハッキリさせることがとても重要なのです。

［ケーススタディ］

◆インテルの復活劇

ルメルトは本の中で、インテルが復活を果たすターニングポイントとなった１９８５年の出来事を紹介しています。

インテルは半導体メモリーからビジネスをスタートし、様々な高度技術を開発し、躍進を遂げてきた会社でした。ただ80年代中ごろになると、追い上げてきた日本企業に価格競争を仕掛けられ、赤字に陥ります。赤字は増える一方でした。しかし、中核事業であり、研究、製造、キャリア形成でも花形であり続けたメモリー事業をどうすべきかについて経営陣は決断できません。果てしない議論を続けるだけだったのです。

ある日、最高経営責任者（ＣＥＯ）のアンディ・グローブは、会長であるゴードン・ムーアに質問をします。「もし、我々が更迭され、取締役会が新しいＣＥＯを連れてきたとしたら、その男はまず何をするだろうか？」。ムーアは即答します。「メモリー事業から撤退するだろう」。グローブは少し考えた後こう言います。「では、なぜわれわれが、クビになったつもりで、それをやらないんですか？」

インテルはその後メモリー事業から撤退し、マイクロプロセッサー事業にフォーカスすることにしました。そして、90年代初頭、世界最大の半導体会社に上り詰めたのです。マイクロプロセッサーとは、パソコンなどで日々皆さんが目にする「Intel Inside」のＣＰＵ（中央演算処理装置）のことです。

このインテルの事例は、選択の難しさが戦略策定の根底にあることを示しています。みんなの意見を捨てる困難さに負け、選ぶという作業を避け、誰の体面も傷つけないようにしていては、良い戦略は生まれません。また、頑張ることは大事ですが、赤字を垂れ流しながら

「最後のひと踏ん張り」をひたすら要求するだけのリーダーでは能がありません。悪い戦略は、誤った考えとリーダーシップの欠如から生まれるのです。

◆戦略策定べからず集

では、事業の戦略立案を任されたとき、どのような姿勢で戦略策定に臨めばいいのでしょうか。ここでは、電気機器や自動車のある基幹部品を製造・販売する部署に所属するAさんを取り上げてみましょう。今Aさんが、既存事業を拡大するための戦略立案を任されたと想定します。ルメルトの指摘に沿って、陥ってはならない罠《わな》について議論していきましょう。

戦略立案という重要なミッションを任されたAさんが、最初に陥りがちな罠は、現実離れした壮大な目標を掲げてしまうことです。近年、ビジョンや理念が大事であるとか、「モノ」ではなくサービスも含めたソリューション提供、つまり「コト」が大事であるとよく言われます。

もちろんそれらはとても重要です。しかしそういったアイデアに安直に飛びつくのは避けた方がいいでしょう。それらはあくまで結果の姿であって、それを掲げたからといって実現するとは限らないからです。大事なことは、そこに至る論理や方法論が存在するかどうかです。

例えば、いきなり「基幹部品プラットフォーム・プロバイダーになる」とか、「ソリューション・ビジネス・パートナーを目指す」とだけ言ってしまっては、なんとなくすごそうな感じはするけれど、中身がついてこなくなってしまいます。

まずはしっかりと現状の重要な問題に向き合うべきです。Aさんの会社が作る部品の横で使われる別の部品を製造する競合他社が、すべてを一体化したモジュールを作ろうとしているかもしれません。あるいは、Aさんの会社が作る部品を制御するソフトウエアが進化して、Aさんの会社の部品の価値を著しく低下させてしまうかもしれません。

これらの課題を見ずに避けて通り、頑張ればまだまだ拡販できるはずだとか、まだまだ価格は維持できるはずだと考えても、決してその通りにはなりません。ついつい面倒そうな重要な課題は避けたくなるものです。ただ当然のことながら、それらを避けた戦略が機能するはずはありません。それは戦略ではなく単なる願望です。

次に陥りがちな罠は、ついつい業績目標をいくらにするかということに意識がいってしまうことです。もちろん、組織を行動に駆り立てていくために業績目標は大事です。ただ、これも先ほどの壮大な目標を掲げてしまうというのと同じ誤謬《ごびゅう》に陥ってしまうことがあります。業績目標もあくまで達成すべき結果であって、そこに至るための論理ではないのです。

大切なことはそこに至るための理由であり、そこに至るための有望な機会の明確化なのです。Aさんは業績目標をいくらにすべきかで悩むのではなく市場環境や競争環境を分析した結果、業績目標はいくらになるかをしっかりと考える方に時間を使うべきです。

その後で、組織を鼓舞するために多少のストレッチの味付けをすればよいのです。もしAさんの部署の売り上げが下がっているのなら、急回復するような「V字回復」の目標は多くの場合、非現実的です。それより、利益率目標を重視するとか、事業ポートフォリオを電機から自動車にシフトするとかいう目標の方がまだましだと言えるでしょう。

もっとも注意すべきは「間違った戦略目標を掲げる」という過ちです。ルメルトは皮肉たっぷりに米国西海岸のある市長の「戦略プラン」を取り上げています。その戦略は、全部で47項目、取組事項は178項目もあったそうです。そして、その122番目に「戦略プランを作成する」と書かれていたそうです。

寄せ集めの戦略は間違った戦略であることの最たる例です。Aさんも、もし自分が立てた戦略の中に、あまりにも多くの項目が並んでいた場合は要注意です。顧客ニーズを満たす、コストを削減する、組織の機動性を取り戻す、新機能○×を追加する、新規市場を開拓する……。これらの項目が数限りなく並んでいたら、それは「間違った戦略」なのです。その大きな過ちは、それら項目の間に矛盾するものがあったり、ヒト・モノ・カネを奪い合う結果、折り合いがつかないものがあったりするからです。そのような戦略は実行不可能です。

良い戦略は、しっかりとした論理構造と、本当になすべき重要なことで構成されているべきなのです。ここでルメルトの言う4つの陥りやすい罠を再確認しておきましょう。

①空疎である
②重大な問題に取り組まない
③目標を戦略ととりちがえている
④間違った戦略目標を掲げている

2　まず診断、次に基本方針そして行動——良い戦略は一点豪華主義

ルメルトによれば、良い戦略とはずばり単純明快で単刀直入なもののようです。つまり、十分な根拠に基づくしっかりとした基本構造を持っており、一貫した行動に直結するものが良い戦略と言えます。ルメルトはこの基本構造を「カーネル（核）」と呼びます。

カーネルは3つの要素からなります。最初の2つは「診断」と「基本方針」です。特に診断は重要です。現状に対する診断を間違えたら、基本方針も間違えます。

1993年、ルイス・ガースナーが米IBMの最高経営責任者（CEO）に就任した際、業界の水平分業が進みつつありました。IBMの問題は図体の大きさにあるという診断が社内外でなされており、分社化の準備が進められていました。

しかし、ガースナーは異なる診断を下します。彼は総合メーカーであることではなく、総合的なスキルを生かせていないことにこそ問題の根幹があると考えたのです。そこで技術力、ブランド力を生かし、顧客にカスタムメードのソリューションを提供する、という基本方針を掲げ、大きく戦略の舵《かじ》をきりました。結果、IBMは復活を果たしました。良い基本方針とは困難な状況に立ち向かう方法を固め、他の選択肢を排除するものなのです。

それはカーネルの3つ目の要素である「行動」にもつながります。どれほど複雑な状況でも、行動の選択肢は意外にシンプルです。それゆえ行動は目の前の1つか2つの決定的な要素に向けられるべきで時間的にコーディネートされた一貫行動が大切になります。

かつてボルボとジャガーを傘下に収めた米フォード・モーターは2ブランドの設計思想を統一し、共通プラットフォームを使うことにしました。しかしボルボ好きは「安全なジャガー」を、ジャガーファンは「スポーティーなボルボ」を欲しがりません。フォードはカーネルすべてにおいて過ちを犯したのです。

［ケーススタディ］

◆地方の食料品店の戦略

まずは「診断」と「基本方針」がなければ何も始まりません。

身近な事例で考えてみましょう。今あなたが、町の小さな食料品店を経営する友人からその店の経営戦略について相談を受けたと仮定しましょう。きっとその友人はいろいろな悩みを抱えているに違いありません。

今までどおり安売りを続けるべきか、それとも多少高くても鮮度の良い食品や有機食品を取り扱う方向に転じるべきか。あるいは、最近、増え始めたアジアからの留学生向けにアジアの食品に力を入れるべきか。それともレジカウンターをもう1つ備えるべきか。駐車場も必要だろうか。天井の色は白がよいか、緑の方がよいか……。

これらの質問それぞれに個別の答えを出すのはおそらく得策ではありません。また、町の小さな食料品店でも、可能性のある打ち手はたくさんあり、その組み合わせはすぐに数百、数千になってしまいます。

もしここで、次のような「診断」があったらどうでしょう。一番の競争相手は近くにできた年中無休の安売りスーパーマーケットであることがわかりました。また、そのスーパーと奪い合っている顧客は、近くに住む価格重視の学生と、短時間で買い物を済ませたい忙しいサラリーマンの2つのセグメントに大きく分かれていることもわかりました。

もちろん、双方の顧客セグメントをしっかりと獲得できる一石二鳥があればいいのですが、なかなか難しそうです。また体力的にもスーパーマーケットに安売りで勝つのは難しいでしょう。

このように診断をベースに考えていくと、だんだん「基本方針」が見えてきます。例えば、「忙しく働く人たちのニーズに応える」、もっと具体的に言うと「忙しくて料理をする時間のない人に便利を提供する」といったあたりが有望な基本方針である可能性が高まってきます。

もちろん、それが唯一絶対の基本方針だとは言えません。しかし、基本方針が定まらない限り、どう行動すべきかは決して定まりません。あちこちに手をつけ、こっちに目を配り、これをやっては失敗し、あれをやってみる、といったふうに一貫性を欠く行動になってしまうことでしょう。

もし、先ほどのような基本方針を打ち出すことができれば、夕方6時以降の混雑時に備えレジを増設したり、お菓子の品ぞろえを減らして、高級総菜を増やしたり、といった優先度の高い「行動」が見えてきます。そして、おそらく天井の色は重要な論点ではなくなってくるでしょう。

ルメルトはこのような一連の論理や話の流れ、つまり「診断」↓「基本方針」↓「行動」を、戦略の基本構造＝「カーネル（核）」と呼んだのです。

◆行動のための曖昧さを無くす「近い目標」

行動を起こす際にもいくつか肝となるポイントがあります。ルメルトは、その1つに「優れた近い目標を掲げる」ことを挙げます。行動を起こすためには組織のエネルギーを結集しなければなりません。そのためには「近い目標」が有効だと言うのです。

本文中で、ルメルトは興味深い事例を紹介しています。それは、月面着陸計画に先がけて計画された人類初の無人月面探査機「サーベイヤー」の開発時の話です。

サーベイヤーの設計者にとってもっとも悩ましかったのが、月の表面が実際どうなっているかを誰も知らないことでした。そこで米航空宇宙局（NASA）のジェット推進研究所の研究主任であり、月面の研究で知られるフィリス・ブワルダは、月面模型を作製しました。設計者に設計のための土台を与えたのです。

その模型は米南西部の砂漠にそっくりでした。彼女は言います。「地球上で平たい場所はだいたいこんな感じだから、月でも、山から離れたところなら、そうである可能性は高いはず」と。

彼女は決してすべてを見通していたわけではありませんでした。ただ、彼女は続けて言います。「月面はこうだと条件設定しない限り、技術者は何もできない」。つまり、月面の状況に関してあらゆる可能性を網羅する詳細検討をしていたら、探査機の設計のみならず、月面着陸計画そのものも危うくなってしまうと彼女は考えたのです。

彼女のしたことは、チーム（組織）の中の曖昧さを解消し、チームが力を結集して目指すべき近い目標を与えたのです。

◆変化のうねりに乗る

もう1つ行動を起こす際に大事になるのが変化のうねりに乗ることです。テクノロジーの進歩、買い手の意識や嗜好の変化、競争や政治の動向など、様々な変化は積み重なることによって大きなうねりを生み出します。それはこれまで高地だったところを平らにしてしまい、新たな高地をつくり出したりします。このうねりがかつての競争優位を消し去り、新たな優位を生み出すことを引き起こすのです。

例えば、米シスコシステムズは、ソフトウエアの台頭、企業のデータ通信の拡大、IPネットワークへの移行、インターネット利用の普及……次々に押し寄せてくる大波にうまく乗り、2000年の一時期とはいえ、時価総額が世界最大になりました。AT&TやIBMなど、ネットワーク機器分野の巨人がいたにもかかわらずです。

あるいは、スティーブ・ジョブズがアップルのCEOに復帰した後、パソコンで再生を果たしiPhoneで成功する前、次のように言っていたそうです。

「次のでかいことを待っているんだ」。彼も大きなうねりによって「機会の窓」が開くのを待っていたのでしょう。

「変化のうねりを早期に捉えること」。これが戦略を実現する上でも重要な役割を果たします。では、どのようにそのうねりを察知すればいいのでしょうか。ルメルトはいくつかのヒントを示しています。

それは例えば、製品開発コストのための固定費が増大し始めた時はうねりの始まりであり、それを乗り越えると残存者メリットを享受する。あるいは、規制緩和はやはり大きなうねりのきっかけになるといったポイントです。

3　まねされない仕組みづくりを——小さなウォルマートが勝ったわけ

ＭＢＡ（経営学修士）や企業研修でよく使われる興味深いケースの1つに米ウォルマートがあります。今でこそ巨大企業ですが、創業当時はＫマートなどの大きな競争相手に立ち向かう小さなチャレンジャーでした。なぜ競争相手に打ち勝ち、売り上げ世界一の企業に成長したのでしょうか。

まず、商圏が小さすぎディスカウントストアの出店は無理だと思われる小さな町に出ていきました。業界の常識を破ったのです。しかも、店舗の定義を覆して、それを強みに変えていきました。1店舗ごとでの戦いをやめて、複数の店舗をネットワーク化し、それを1つの店舗と見なした戦い方を仕掛けたのです。

これを支えたのは複数店舗をまとめ上げる情報システムと物流でした。Ｋマートも同じような情報システムを持っていましたが、店舗ごとの商品展開、仕入れ、値決めといった過去のやり方を変えず、衰退しました。

この事例からは、良い戦略におけるいくつかの重要なポイントが読み取れます。第1に、同じ業界にいながら違うルールでゲームを仕掛け、新たな顧客価値を生み出したことです。次に、そのための入念なビジネスモデルがあったことです。

ルメルトはそのビジネスモデルを鎖構造と呼びます。鎖構造を前提とすると、すべてをうまく行わなければ効果が期待できないことになります。Kマートは単に情報システムをまねしただけでは意味がないことに気付くべきだったのです。なぜならシステムは鎖構造全体の中にあってはじめて意味を持つからです。

巧みにつくられた鎖構造はなかなかまねされません。まねされない仕組みを、ルメルトは「隔離メカニズム」と名付けました。ブランドや暗黙知、熟練技能や独自のイノベーション等も隔離メカニズムの源泉になります。

まねされないということは、他社との差別化を持続できることを意味します。自社の競争優位を持続できるわけです。

［ケーススタディ］

◆高収益クラウンの秘密

ここでは、ルメルトがエグゼクティブ向けMBAにおいてよく用いるクラウン・コルク＆

シールという会社のケーススタディを紹介しましょう。

クラウンは炭酸飲料缶やスプレー缶などに特化した缶メーカーです。缶業界には、コンチネンタル・キャン、ナショナル・キャン、アメリカン・キャンの3つの大手がいて、激しい競争を繰り広げていました。その中でクラウンは、数十年にわたり自己資本利益率が平均で19%という好業績を上げていたのです。一方、大手3社の利益率はおしなべて数%しかありませんでした。

クラウンの高い利益率の秘密はどこにあるのでしょうか。真っ先に言われるのが、炭酸飲料缶やスプレー缶のような耐圧性を求められる製品にクラウンは事業を絞っていたという点です。

しかし、それだけでは説明は不十分です。なぜなら他の大手もそういったものを作ることができたからです。残念ながら、缶では他社が真似できないほどの大きな差異を生み出すのは難しいだろうということはなんとなく想像がつきます。差異化して「隔離メカニズム」を働かせることができなければ、他社に比べて高い利益率を生み出すことはできません。

では、クラウンは他社に比べて何かとてつもないローコスト生産方式を確立していたと考えてみてはどうでしょう。ただ、それもあまり現実的ではなさそうです。おそらく大量に生産する大手メーカーの方が学習・専門化などが進み、コスト削減ができているでしょうし、生産技術を革新する余力もありそうです。

これに対しては反論が聞こえてきそうです。それは、かつてカンバン方式を引っさげ、革新的な生産方式でゼネラル・モーターズ（GM）やフォード・モーターに打ち勝っていったトヨタ自動車という事例もあるではないか、という議論です。

しかし車と缶では製品の複雑性があまりにも違いそうです。ある会社が画期的な生産方式を編み出したとしても、きっとすぐまねされてしまうでしょう。そう考えると、数十年にわたって他社に比べて高い利益率を維持してきたクラウンの戦略を説明することは難しそうです。

他の要素で考えられることはないでしょうか。おそらく次に出てくるのは顧客へのサービスや技術支援でしょう。でも同じようにここでも疑問が生じてきます。飲料メーカーや消費財メーカーは、それほど優れたサービスや高い技術支援を要するでしょうか。大手メーカーであればあるほど、自社内の技術者も豊富で技術力も高いはずで、さほどサービスや技術支援を必要としているとは思えません。

ただ、こう考えると少し盲点が見え始めます。サービスや技術支援などを必要としている顧客はいないだろうかという視点です。ひょっとしたら小さな飲料メーカーや消費財メーカーであれば、缶に関連した技術支援を必要としているかもしれません。あるいは、規模が小さいと需要も安定しておらず、迅速な供給といったサービス力も大事になってくるかもしれません。

そこからさらに発想を広げると、大手顧客の需要も安定していないタイミングはあるはずです。例えば、新製品を出す時や、季節商品などを販売する際には、缶の需要が大きく変動しそうです。

大手3社の缶メーカーは、大きな製造ラインを抱え、安定的に大ロットで生産することで顧客の需要を満たしていたとすると、突発的な需要や、特殊な缶の小ロットの特殊な需要に対応することが難しいかもしれないと気付きます。

ここにきてようやくクラウンの戦略の秘密が見え始めてきました。大手3社が、大口顧客に対して標準品の缶の大ロット生産をしているのに対して、クラウンが小ロットで小回りの利く対応をしていると考えたらどうでしょう。そう考えると、大手とは補完的な関係にあることがわかります。しかも顧客にとって突発的な需要を満たせ、顧客に対して有利な立場に立つことができるようになります。

これは、同じ製缶業界にいるにもかかわらず、大手3社とクラウンでは事業の構図がまっ

図2-1　大手3社の競争の構図

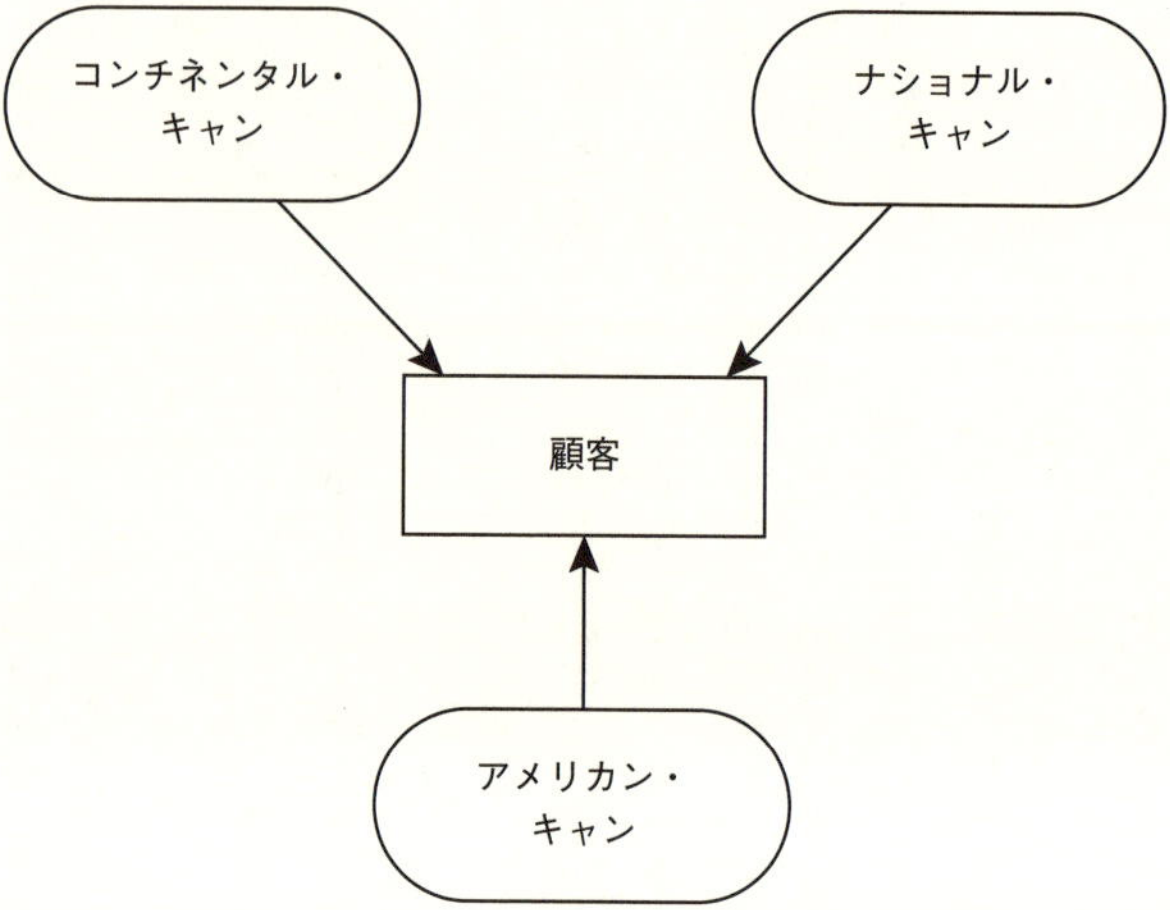

たく異なることを意味します。顧客はリスク分散するために複数社購買をしているとしたら、大手3社をめぐる構図は、ちょうど図2-1のように、1つの顧客に複数の缶メーカーが同じ需要のニーズを取りあっているという形になります。この場合、交渉力は顧客にあり、おのずと利益率低下のプレッシャーが働くことになります。これは買い手市場と言えるでしょう。

一方、クラウンの構図は図2-2のようなものになります。複数の顧客に対して、クラウンにしか提供できない製品を届けるという形になるのです。この場合、交渉力はクラウン側にあることになりま

図2-2　クラウン・コルク＆シールの競争の構図

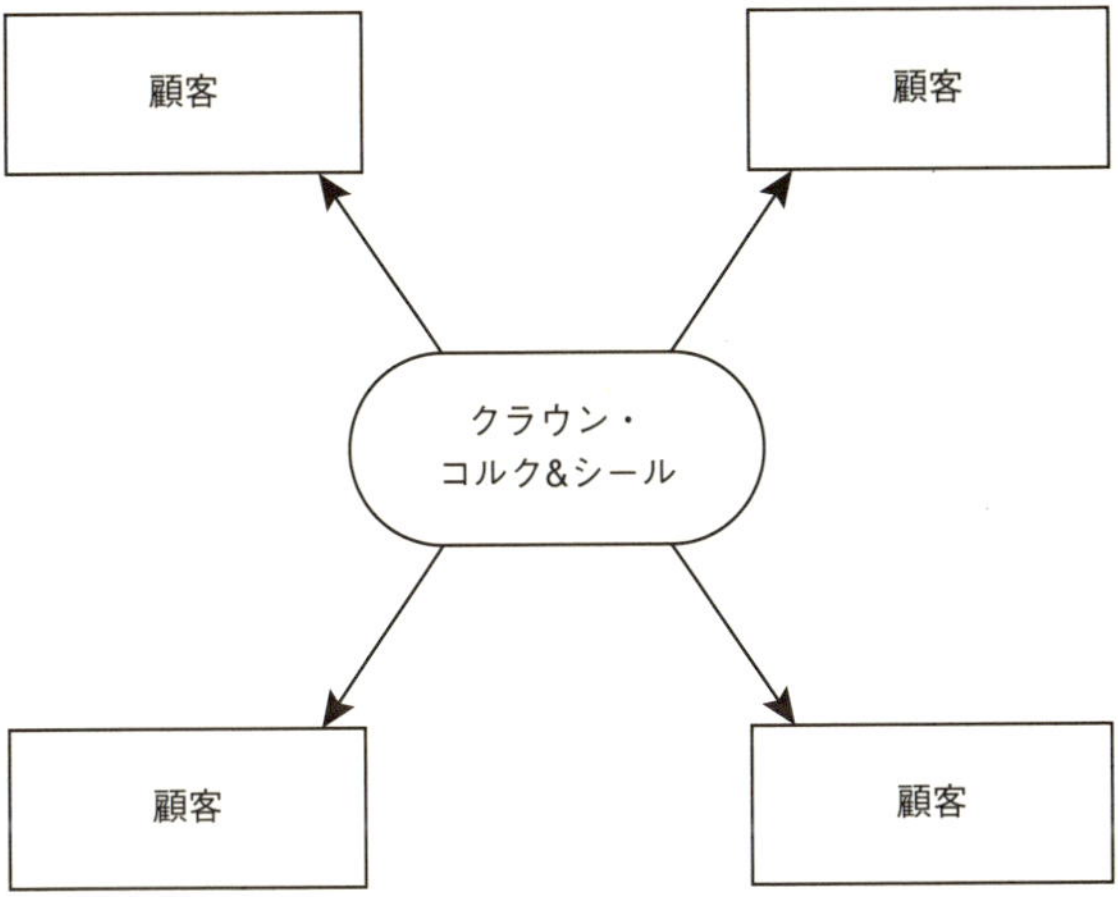

す。これは売り手市場の構図です。この構図が高利益率の秘密だったのです。

　クラウンは、製缶業界という同じ業界に位置しながらも他社とは違うゲームのルールで戦っていました。そして、戦略の肝は、耐圧性の高い缶に特化した「小ロット生産」にあったのです。この戦略は、１９６０年代のクラウンの経営者ジョン・Ｆ・コネリーによって練り上げられたものでした。

　ジョンの退任後、後任のウイリアム・アヴェリーは積極的な買収で急激に事業拡大を目指します。しかし、どのような結果になったかは、皆さんも容易に想像できるのではないでしょうか。売り上げは急拡大しましたが、利益率は大幅に低下してしまったのです。結果、株価も大きく低下してしまいました。クラウンは成長に目がくらみ、他社との「隔離メカニズム」を自ら放棄し、もうかるための「鎖構造」も壊してしまったのです。

4　ストラテジストの思考法——有能な戦略家は優れたデザイナー

戦略をつくるという作業は、高性能の飛行機を設計する作業に通じるものがあります。戦略の選択肢は与えられるものではなく、自らデザインすべきものだからです。だからこそ、有能なストラテジストは優れたデザイナー（設計者）とも言えます。様々な要素の特徴を見極め、最適な組み合わせを見つけ、全体を美しくまとめ上げる役目を担います。

ルメルトは『良い戦略、悪い戦略』の最後に戦略思考を高めるテクニックを紹介しています。真っ先に挙げるのが「リストを作成する」という方法です。

この重要性を、若き日のフレデリック・テイラー（科学的管理法の父）と鉄鋼王アンドリュー・カーネギーの間でのエピソードを用いて紹介しています。

カーネギーは言います。「お若いの、君が経営について聞くに値することを言ったら、1

万ドルの小切手を送ってやろう」

テイラーは「あなたにできる重要なことを10個書き出して、それを1つずつ実行してください」と答えました。後日、1万ドルの小切手を受け取ったそうです。

この話のミソは「重要であること」と「できること」の2つです。テイラーはまず、根本的に大切なことに優先度を置くべきだと主張したのです。さらに実行可能なものでなくてはならないとも助言したのです。

これはできる事を洗い出し、十分考えた上で、大切なことから全体を組み上げていくべきだと読み替えることができます。実現可能かつ重要なことをリストアップするということが、ストラテジストがデザイナーであるべきだという考え方に通じるものなのです。

他にも、第一感は大事だが疑ってかかるべし、と警鐘を鳴らします。重要な判断をしたら記録に残す習慣を持つことも推奨します。事後評価をして自分の判断を反省材料として活用するためです。戦略のデザイナーになるには地味で具体的な努力が必要なのです。

[ケーススタディ]

◆赤字事業Aから撤退すべきか否か

ここでは、皆さんが会社の企画部門に所属していて、「赤字事業Aから撤退すべきか否か」を検討している状況を想定しましょう。そして、その検討のプロセスをなぞりながら、ルメルトが推奨する思考のポイントを紹介していきます。

赤字事業Aをやめるべきか否かというお題をもらったら、当然のことながらこれまでの経験や知識に基づいて、皆さんは直感的に何らかの判断をすると思います。

A事業は10年以上赤字続きだからやはり厳しい……。競争相手のB社が圧倒的に強くてどうしようもない……。やはり撤退すべきかもしれない、といった具合です。

これに対して、ルメルトは「第一感を疑うべし」と警鐘を鳴らします。

さらに、第一感から出発した最初の答えを一度は破棄すべきだと言います。当然聞こえてくる反論は、結構、第一感はあっている場合が多いという声です。ルメルトはそれを踏まえてもなお、初期案を一度は破棄すべきだと主張するのです。

例えば「米大統領が核弾頭発射のボタンを押すか否かを第一感で判断するだろうか?」と問いかけ、重要な意思決定を直感に任せることの危険性を力説します。

最初に思いついた考えをそのまま答えにしてしまわないためには、「バーチャル賢人会議」という方法が有効です。

頭の中で他人に助けてもらう。つまり、自分が尊敬する人を登場させて、自分のアイデアを批判してもらうということです。ルメルトの頭の中には、師匠であるブルース・スコット教授、デービット・ティース（著名な経営学者）、スティーブ・ジョブズがいるそうです。

◆根本的に問い直し、「診断」してみよう

次に「何をすべきかの前に、なぜそうするのか」を問い直してみることです。

今回の場合は少々ひねくれて聞こえますが、事業Aから撤退すべきかどうかについて考えるのではなく、なぜ今、事業Aの撤退問題を考えているのかを考えてみるということになるでしょう。そのような観点に立つと、そもそもA事業から撤退しなければならない理由が継続的な赤字だったとしても、それだけで判断していいのだろうか、A事業を行うことが他の事業の技術的な優位性を生み出しているかもしれない、といったふうに違った観点も思い出すことができます。

あるいは、A事業は会社における唯一のＢｔｏＣの事業なので、この事業を持っているこ

とが会社の知名度をあげ、優秀な人材を獲得するのに大きく貢献しているかもしれない、といった発想にもつながります。

何のために撤退するのか、何のために継続するのかという理由を考えることによって、より多面的な思考ができ、より正しい判断に近づける確率が増すことになるのです。

少し戦略という観点の話に立ち戻ると、「悪い戦略」がはびこるのは分析や論理を十分に行わず、いわば地に足の着いていない状態で戦略をつくろうとすることが原因の一つです。

その背景には、面倒な作業はやらずに済ませたい、調査や分析などしなくても立てられるという安易な願望があるからかもしれません。しかし、事業から撤退すべきか否かといった大きな戦略的判断においては、しっかりとした「診断」(カーネル・核・の最初のステップ)をどうしても避けては通れないということなのでしょう。

ただ、適切で客観的な診断を下す際にも、留意すべき落とし穴があります。ルメルトが挙げるのは「群れる心理」と「内部者の視点」です。

◆客観的な診断を下す前の落とし穴

「群れる心理」は難しい問題に直面したときに起こりやすいものです。A事業から撤退すべきか、この問題に対して深く考えれば考えるほど、わからなくなってしまうこともあるでしょう。そうなると、周りの空気に流されがちになります。なんとなくみんなが撤退すべきだよね、とつぶやき始めると、だんだん意見の趨勢はそちらに流れていきます。

それぞれの人は確固たる根拠もなく、「ほんとうのこと」が見えていないにもかかわらず、誰かが「ほんとうのこと」を知っているだろうという楽観的希望が先にたち、根拠のない答えに意見が集約されていくのです。「みんなが大丈夫だと言っているので大丈夫」ということは決してないのです。

次に「内部者の視点」です。これにとらわれると、自分自身や所属する集団、プロジェクト、会社、あるいは国だけが特別で別格の存在になってしまいます。

そして周りが見えなくなるのです。まず外部の客観的な統計データを無視しがちになってしまいます。最終的には、自分たちは特別なので、自分たちは大丈夫という妄想にとらわれてしまいます。しかし、物事は客観的な確率によって動いていきます。

内部者の視点にとらわれると、都合よくA事業も数年後にはV字回復すると信じ込んでしまう危険性も生まれてきます。

◆健全に疑う

ストラテジストとしてできるだけ正しい判断を行うためには、客観的な分析によって現実を見つめ、「第一感」「問題そのもの」「群れる心理」「内部者の視点」を健全に疑っていくことを心がけることが一番のようです。

最後に本書『良い戦略、悪い戦略』の最後の一段落を紹介して、本章を終えることにしましょう。

群れの圧力は、「みんなが大丈夫だと言っているのだから絶対大丈夫なのだ」と考えることを強要する。内部者の視点は、自分たち（自分の会社、自分の国、自分の時代）は特別なのだから、他の時代や他の国の教訓は当てはまらないと考えることを強要する。こうした圧力は、断固はねのけなければいけない。現実を直視し、群れの大合唱を否定するデータに目を向ければ、また歴史や他国の教訓から学べば、それは十分に可能である。

3

『BMW物語』

デイビッド・キーリー著

——「駆けぬける歓び」でプレミアム・ブランドに

岸田雅裕（A・T・カーニー）

BMW 物語——「駆けぬける歓び」を極めたドライビング・カンパニーの軌跡／Driven：Inside BMW, the Most Admired Car Company in the World　2004 年
デイビッド・キーリー（David Kiley）著
邦訳：アスペクト、2004 年／嶋田洋一訳

1　挫折と栄光の歴史――「駆けぬける歓び」に学ぶ戦略

『BMW物語』は、製品開発とマーケティングの両面で自動車業界の目指すべき標準となる地位を築いたBMWの栄光と挫折、歴史と未来への展望を米国の著名な自動車ジャーナリストが綿密な取材を重ねて執筆したものです。原書は英語で2004年に、邦訳は同年末に出版されました。

元BMWの経営幹部だったボブ・ラッツ氏が述べたように、BMWは自動車というカテゴリーを超え、「自分たちの拠って立つ土台を明確にしたい、あらゆる企業にとってのモデル」として、強固で奥深いブランドを築き上げています。

その強いブランドをつくり出した組織とはどのようなものでしょうか。元クライスラー・グループの幹部だったジム・シュローアー氏の「BMWは焦点を絞ったブランドのメッセージと戦略を徹底し、会社の上から下まで、それをしっかり理解している」という言葉が示すように、読み進めるうち多くの企業の経営にも通じるところがあると思い知らされるのです。

本書の中に「BMWが作り出す人間は、BMWが作り出す自動車以上に重要なものだった」という一文があります。人が会社をつくり、会社が人を強くする。会社がブランドをつくり、またブランドが会社を強くするのです。

性能の高い製品を世に送り出すためには、デザイナーやエンジニアだけではなく、管理や人事などそれぞれが組織の中での自分の価値を明確にし、自分たちが取り扱う製品やサービスの価値を信じているのです。

当たり前に思えるこの真理を長年実践してきたからこそ、ＢＭＷの理念――車は単なる移動手段ではなく、最高の運転感覚を堪能するもの、つまり「究極のドライビング・マシン／駆けぬける歓び」という40年間変わらぬコピーが今も輝きを失わないのです。世界の購入者がコストパフォーマンスや燃費に優れた車より、高価でも独自の価値を持つＢＭＷを選ぶゆえんがここにあります。

【ケーススタディ】

◆「プレミアム・ブランド」への道――レースで磨いた技術力

そもそも「ブランド」とは何か？　brandという言葉の原義は、放牧している家畜に焼印を押すこと、と言われています。やがて、自分が所有するものを他人のものと区別すること、識別するための印となりました。今ではコーポレート・ブランドがあり、製品ごとのブランドがあり、ひとくちにブランディングと言ってもターゲットにより、一般大衆向けなのか、ニッチ向けなのかにより戦略を変えるわけです。

筆者がずいぶん前にかかわった仕事の中に、ある自動車メーカーがプレミアム・ブランドを立ち上げるべきか否か、を検討するというプロジェクトがありました。もちろんグローバル市場を視野に入れてのことでしたので、世界各国のコンサルタントやマーケッターたちと協力してプロジェクトを始動したのですが、冒頭にヨーロッパ人の同僚が「欧州以外のメーカーがプレミアム・ブランドを立ち上げるという目標自体が理解できない」と言ったのです。

彼らいわく、第2次世界大戦前（正確にはドイツ軍のポーランド侵攻前）にレースで実績のない自動車メーカーはプレミアム・ブランドになる資格がないと……。

ＢＭＷは欧州老舗の自動車メーカーというイメージがありますが、いわゆる高級車ブランドとしての歴史はそれほど長くはありません。それでも、ヨーロッパ人に「プレミアム・ブランド」と納得させる理由があるのです。

もともとＢＭＷは19世紀にドイツ中部の町で小さな工場として始まり、軍用車両やオートバイ、軍需品を製造していました。第１次世界大戦中には航空機エンジンを軍に納入。オートバイ・レースでは1928年までに優勝回数が573回を数えるなど、卓越した技術力は知られてはいましたが、自動車メーカーとしては後発。大型高級自動車市場はメルセデスが専有していました。

第2次世界大戦直前の1938年イタリアの「ミッレミリア」に初出場、勝利を収めることにより、一流自動車メーカーとしてBMWの名がヨーロッパ中に認知されるのです。

高い技術力で、オートバイ、航空機用エンジン、自動車へとエンジンを基盤に製品カテゴリーを拡大していくのは、事業の成長にともなう自然(で理想的)な流れではありますが、「プレミアム・ブランド」と認知されるにはレースで活躍する必要があったのです。

ヨーロッパでは自動車に対する思い入れが違うようです。単に、産業革命の進展により馬車に取って代わった移動手段ではなく、本来の意味のスポーツ(娯楽)用品なのです。

特にカーレースは、最新鋭の技術工学が搭載された究極のマシンがその性能を競い、そこで勝利することは、自動車メーカーの誇りであり高い技術力の象徴でもあります。そして自動車メーカーとしてレースに参戦し、開催に協賛することで、自動車そのものの技術革新、運転を楽しむ文化の発展に貢献しているという〝認定〟を得ることができるのです。

◆オーナー一族が守った高級車路線

こうして「ブランド」を確立したかに見えたBMWですが、第2次世界大戦後に悲劇に襲われました。「枢軸国の敗北という形で第二次世界大戦が幕を閉じると、BMWは政治的にも経済的にも、また地理的にも苦しい立場に立たされた」のです。

ミュンヘンの工場は爆撃で破壊され、アイゼナハの工場はソ連の占領下、東ドイツ地域にありました。取り壊しを逃れたミルベルツホーフェンの工場は、米国占領下で1000名の従業員もろとも戦後復興物資の製造に従事させられました。つまり自動車製造の拠点を失ってしまったのです。まさに振り出し。ゼロからのスタートです。

やがて、オートバイの製造が再開され、1951年には自動車事業に復帰しました。ところが、天文学的な価格の「陸船のような鈍重」なBMW車は戦前に「苦労して手に入れた性能とスポーティさへの評価」からはあまりにもかけ離れ、メディアはもとよりBMW経営陣からも黙殺されたほどでした。

一方、他のドイツ車メーカーは戦後復興の波に乗って成功を遂げていました。

第2次世界大戦前に国策企業として設立されるも戦後は英国支配下で改組されたフォルクスワーゲンは、「20世紀最高の自動車設計者」とも称されるフェルディナント・ポルシェ博士が戦時中に開発した車を原型とする小型車ビートルが労働者階級や中産階級に支持され、まさに〝国民の車〟として支持され、利益を上げていました。

ダイムラーは爆撃を逃れた工場がすぐに自動車製造を再開できたので、1954年には300SLガルウイングという、今なお人々から称賛されている革新的なスポーツカーをつくりだすほどの財務力と生産能力がありました。

BMWは、第2次世界大戦前後、国策として推進された大衆車生産に興味を示さず、高い性能と速さにこだわってきたのに、事業再建を焦るあまり、足元を見失ってしまいます。

1951年に、イタリアのスクーター・メーカーと組んで「イセッタ」と呼ばれるマイクロカーを発売したりするも、財政再建には至らず、ダイムラー・ベンツ社への株式売却案まで取り沙汰されました。

そこに登場したのが、ドイツ有数の資産家、クヴァント兄弟でした。1959年にBMW株の30%を取得し、さらに私財を投じてまで再建に取り組んだのです。クヴァント家は今もBMW社の株の多くを所有するオーナー一族でありながら、日々の経営には口を挟むことなく、プロの経営者に企業運営を任せています。

BMWが、世界的規模で自動車業界の再編が進む中、合従連衡とは距離をおき、ブランドの独立性を保っていられるのは、クヴァント家がかたくなにＢＭＷ株を手放さなかったから、とも言えるでしょう。

その後もＢＭＷ社の紆余曲折は続くのですが、その中で、卓越した技術工学を継承し続け、常にイノベーティブな戦略をもって「ブランド」を醸成してきた軌跡を、『ＢＭＷ物語』に沿って考察したいと思います。

2　ブランドの陳腐化と闘う――巧みなマーケティング手法と強い組織

ＢＭＷブランドの陰には、「デザイナーやエンジニアだけでなく、管理部門や人事部門も」巻き込んで製品への自信と信頼を育んだ強い組織（会社）がありました。

もう1つの強みがマーケティングです。多くの自動車メーカーは、新車投入から2年ほどで販売台数が減るという悩みを抱えています。同社は1モデル・シリーズ当たり7～8年のサイクルで改良・更新を続け、利益を得るという革新的な手法を取り入れました。

例えば、「4ドアの新型車は翌年には2ドアに、翌々年にはコンバーティブルにバージョンアップされ、次の年にはエンジンが増強され、さらにパフォーマンス（性能）がアップグレードされる。7年間を通して自動車専門誌の関心を持続させる効果もある」。

ＢＭＷはスポーツカーと高級サルーンの両方の特徴を備えたスポーツ・セダンという新カテゴリーを創出し、マーケティングと製品開発でニッチ戦略を強化しました。

主要顧客であるドイツの消費者像も変わりつつありました。１９６０年代後半から70年代、ドイツの20代の若者は学生運動や文化的なムーブメントの中心にいて、親世代とは異なる趣味や嗜好、消費傾向を持ち始めていたのです。

「ＢＭＷのオーナー像は容易に想像がつく。ブランド志向が高い。若い、または若々しい。ＢＭＷは自社が打ち出す価値観、スポーティーな走りを求める顧客層だけに狙いを絞っている。安定性やお買い得感などを重視する顧客は他社に任せておけばいいと割り切っている」のです。ターゲットとなる新しい顧客像を規定することにより、アンメット・ニーズ（新しい需要と価値観）を掘り起こしました。

どのようにブランドが構築、維持され、陳腐化せずにいられるのか。それは常にフォーカスを忘れずイノベーティブであり続けること。ブランドとは「空気」を売っているわけではないのです。

[ケーススタディ]

◆ターゲットは「上昇志向の強い若き成功者」

STP理論を提唱し、世に広めた〝近代マーケティングの父〟、フィリップ・コトラー氏によれば、「マーケティングとは、満たされていないニーズを満たすこと。人々が欲しがるもので、なおかつ他の人が提供できないものを探すこと。そうすれば成功する」。

インターネットや携帯端末の普及、テクノロジーの発展がコミュニケーションコストを低下させて、新たなマーケティング戦術を可能にしていますが、それだけでマーケティングに成功することはできません。顧客に喜んでもらいたい、驚いてもらいたいという気持ち、すなわちマーケティングマインドを常に忘れないようにすれば、顧客に「買う理由」を提供できるのではないかと思うのです。

『BMW物語』の中に、BMWがまさにそれを実践したくだりがあります。STPの概念をBMWにあてはめて考察してみます。

ご存知の方には冗長になりますが、STPとは、セグメンテーション、ターゲティング、ポジショニングの頭文字をとったもので、端的に言うと、「セグメンテーション」とは顧客を性別、年齢、行動、価値観などいろいろな特性で分けること、「ターゲティング」とは、この人たちを狙う、ということ。「ポジショニング」は、自分をどのように差別化するか、ということです。

ひと昔前にはベンツは伝統的なお金持ちのクルマ、そしてフォルクスワーゲンはその名のとおり〝国民の車〟として労働者階級から中産階級のクルマとして広く認知され支持されていました。

そこでBMWが狙ったのが、どちらにも属さない、第2次世界大戦後に台頭してきたソーシャル・クライマーと呼ばれる人たちでした。良く言えば、今もヨーロッパ社会の根底に根ざしている「階級」に反旗を翻し、自分の実力だけで社会の階段を上っていこうとする上昇志向の強い若き成功者たち、悪く言えば拝金主義・物質主義の成り上がりとさえ呼ばれる人たちです。

◆「性能」と「スポーティーさ」を訴求

彼らは、権威主義的なにおいのする高級車の後部座席に深々と座り、アウトバーンのA地点からB地点までを安全・快適に移動したいわけではありません。自らハンドルを握り、アルプスの曲がりくねった山道を「駆け抜ける歓び」に価値を感じるのです。

ＢＭＷは富裕層と「セグメント」された人たちの中の、新たな価値観を求める若き成功者を「ターゲティング」し、操舵する歓びを与えるクルマだと自らを「ポジショニング」したのです。

戦後、西ドイツの復興のカギを握る彼ら——ソーシャル・クライマーの社会的地位が上がれば上がるほど、ＢＭＷのポジションも上がっていきました。まさにＳＴＰの成功例です。

ＳＴＰを極めると、「ブランド」に行きつきます。今も昔も消費者は、ブランドによって、買い物の時に比較検討の手間を省くことができます。このブランドなら買って間違いがない、自分を満足させてくれる、それを身に着けることによって自分のアイデンティティを表現することができる、と消費者がその価値を信じ、迷わず選んでくれるのが最終目標です。

ＢＭＷは性能やスポーティーさを訴求する「ブランド」をてこに、価格を上げることに成功。そして価格を上げても、それに見合う価値を提供しているので販売量が低下しない、ということです。

ＳＴＰマーケティングにより戦略の基本的方向性が定まると、次には４Ｐにより実際の各個別戦略が策定されます。４Ｐ理論の４つのＰとは、プロダクト（製品）、プライス（価格）、プロモーション（広告宣伝）、プレース（流通）のそれぞれ頭文字をとったものです。

プロダクトなどそれぞれの項目については、次節以降に解説することにして、ここでは、「プレース」についてＢＭＷの事例を紹介します。

◆販売店も巻き込んだブランディング――誰もがＢＭＷの「一員」

ＢＭＷの商品は言うまでもなく自動車です。しかもたいていの顧客は頻繁に購入したり、買い替えることが多くない高価な商品です。そこで、ＢＭＷが徹底したのは、おもな「プレース」となる、販売店のブランディングでした。

店舗の広さや内装はもちろん、商品の陳列（例えばクルマの走りを連想させるような並びで何台展示できるか）、販売員の身だしなみにもこだわりました。面白いのは、ＢＭＷの販売員はＢＭＷ社の社員ではないということです。ＢＭＷというメーカーが資本関係のないまったく別会社のディーラーに車を卸し、そのディーラーの営業担当者がクルマを売っているのです。

本書の中で述べられているようにＢＭＷは、「デザイナーやエンジニアだけでなく、管理部門や人事部門も」巻き込んで製品に対する自信と信頼を育んできました。顧客に一番近いところにいる販売代理店の営業担当者に対しても（別会社の社員であるにもかかわらず）Ｂ

ＭＷの一員であることを要求し、一緒にＢＭＷブランドを高めているのです。

私自身、経営コンサルティング会社のパートナー（共同経営者）になった年に初めてＢＭＷを購入したのですが、自宅に納車されたクルマのナンバープレートが０６０２でした。実は6月2日は私たち夫婦の結婚記念日なのですが、それがいつかと聞かれた覚えもなければ、話した覚えさえありませんでした。きっとＢＭＷの営業担当者が会話の中からうまく聞きだし、覚えていてくれたのでしょう。車は大きな買い物ですから、そのような心遣いをしてくれる人からは、また買いたいと思うのです。

本書の中に、ブランドの陰には「デザイナーやエンジニアだけでなく、管理部門や人事部門も」……と記されていますが、その先の、顧客やユーザーに近い営業担当者、修理担当のメカニックにいたるまでＢＭＷブランドを体現しているのです。

3　危機を救った人とブランド――柔軟な会社に変身

「ＢＭＷの居場所は自動車産業、とりわけニッチな市場にあるということだった。スポーティーであること、特別であること、若者たちのあこがれの的であること……」

ＢＭＷの歴史はサクセスストーリーばかりではありません。１９８０年代後半、上客だった若き成功者たちの勢いに陰りが見え始めました。社会の成熟で、中産階級は収入やモノを今以上に得られなくても幸福感を感じるようになったのです。

〝ヤッピー〟に代表されるソーシャル・クライマーたちの拝金主義・物質主義が時代に合わなくなってきたのです。ＢＭＷに乗ると、過剰な上昇志向を持つ粗野で洗練されていない人間と思われてしまうのでは……と、まずターゲットの富裕層が離反。ソーシャル・クライマーまでもが周囲の目を気にして離反してしまったのです。

90年代に日本車の高級ブランド――レクサス、アキュラ、インフィニティなどが北米市場で台頭すると、ＢＭＷの役員たちの中に、「高級車というニッチに特化して大衆市場をないがしろにしていると、不況時に会社の体力がもたなくなるのではないか」と心配する向きもでてきました。

しかし、大衆向けブランドを立ち上げることが妥当な戦略と言えるのでしょうか。日本車メーカーならば、その品質についての評価を高級車の新ブランドにも利用できますが、ＢＭＷがつくる大衆車は単に〝安物のＢＭＷ〟と見られるだけです。

98年にはダイムラーとクライスラーが合併し、超巨大自動車メーカーが誕生しました。この時期、自動車各社の合従連衡が活発化しました。その際、年間の生産台数が400万台に満たない自動車メーカーは淘汰されるとまで言われ、「400万台クラブ」という言葉が広がりました。

BMWの自信は揺らぎ、規模拡大に走ってしまいます。ローバー・グループを買収し、総額80億ドル（9千億円）もの損失を計上するという大失策を演じます。

［ケーススタディ］

◆裏切り、暴走、駆け引き――衰退を招いたトップ抗争

ヤッピーに代表されるソーシャル・クライマーにとどまらず、周辺のターゲット・カスタマーからもそっぽを向かれ、売り上げが伸び悩んでしまった90年代初頭、拡大志向のあまり当時のBMW社長であるエーベルハルト・フォン・キュンハイムは「自分たちの拠って立つ土台」を見失ってしまいました。

足元を見失ってしまった理由の1つが「競合他社の脅威」を認識したことだと考えられます。同じドイツの自動車メーカー、アウディが80年代後半から優れた技術、ヒューマニティ、情熱、先端、ビジョン……というメッセージを打ち出し、90年代以降は人気も認知度もBM

Wに迫っていました。

約10年前に著された本書によると「日本人は最近になって、高品質と製造能力と生産性を武器に、ＢＭＷの牙城である高級車市場にも領土を主張しはじめていた。すでに大衆車市場を手中に収め、自分たちの新たな高級車ブランドにどうすれば最高の〝イメージ〟を付与できるのか、ＢＭＷを手本に学習しようとしていた」ようで、たしかにレクサス、アキュラ、インフィニティなどがのちに欧米市場で台頭します。

そして足元を見失ってしまったもう1つの理由は、人こそが財産であり力であったＢＭＷで、約10年にわたって繰り広げられた社長交代劇です。裏切り、暴走、駆け引きなど人間関係が泥沼化していきます。

エーベルハルト・フォン・キュンハイムは、１９７1年にＢＭＷの社長に就任したベテランの経営者。この20年間、フォン・キュンハイムを悩ませていたのは、自社ブランドの統合性を維持し、財政的に独立を保ったまま、どうすればビジネスを拡大できるかということでした。

フォアシュタントと呼ばれる取締役会の面々は「４００万台クラブ」の言葉に踊らされ、規模拡大すべし！と言うものの、それには時間もカネもかかる。てっとり早く拡大するにはすでに名の通った自動車メーカーを買収することだ、とフォン・キュンハイムは心に決め、若手の製品開発担当役員、ヴォルフガング・ライツレに調査させました。

若手のライツレが、親子ほども年の離れたフォン・キュンハイムに提出した「買い物リスト」に含まれていたのは、ポルシェ、ロールスロイス&ベントレー、ランドローバー、ミニ、アストン・マーチンだと言われていますが、結局、買収はどれも不調に終わってしまいます。

ライツレは買い物は下手ですが、自分を売り込むのはお上手。買収交渉を通し、フォルクスワーゲン（VW）の次期社長に気に入られ、のちにVW傘下となるポルシェの社長の座をオファーされました。

それを知ったフォン・キュンハイムはライツレに裏切られたと感じ、BMW社との雇用契約解除さえ認めず飼い殺し状態に……。フォン・キュンハイムの引退後は、自分がBMW社長にと思いをはせていたライツレの夢は粉々に砕け散りました。

◆働く一人ひとりが成功に貢献する組織に

1993年にフォン・キュンハイムが社長の座を退いた後、ベルント・ピシェッツリーダーが就任。ピシェッツリーダーは何とか社史に名を残したいと考える野心家で、BMWの取締役会や外部のコンサルタントらの反対にもかかわらず、94年にローバー・ブランドを丸ごと買い取るという暴挙にでます。ピシェッツリーダーのローバー買収後の黒字化計画は、「マーケティングの達人による典型的な机上の空論で、激動する世界の大衆化市場における販売という現実の基礎を欠いたもの」と評されました。

99年、結局、何の成果もあげることができないまま、ピシェッツリーダーはBMW社長から降格します。

オーナー一家クヴァント家は、最後に正しい選択をしました。後任は、ミュンヘンの技術大学で教授をつとめたこともある工業生産のエキスパートでBMWの製造部門のトップ、ヨアヒム・ミルベルクでした。「今のBMWに必要なのは、フォアシュタント（取締役会）に一体感を取り戻し、従業員からも受け入れられ、クヴァント家のためにバイエルンのために旗を掲げることのできる仲介人だった」

ミルベルクは、「物静かで、控えめで、頭が切れて、スポットライトを浴びたがらない」人物ながら、遠慮なくローバーの抱えるコスト超過や過剰人員をチェックしました。見かけによらず、タフ・ネゴシエーターぶりを発揮しました。そして、2002年にはミルベルクと共にBMWを建て直し、過去最高の業績をもたらしただけではなく、BMWらしさを強調した現行モデルの個性的なデザインの流れを導き出したと呼ばれるヘルムート・パンケ博士が社長に就任します。

面白いのは、本書にも記されているように「ＢＭＷの経営の強力さは、99年から２０００年にかけて同社を去った人々が、どこに落ち着いたかを見ればよくわかる。ピシェッツリーダーはＶＷの社長、ライツレはリンデＡＧの社長、フォルスターはオペルの最高経営責任者（ＣＥＯ）、ツィーバルトはコンチネンタルＡＧの社長」に就任したことです。それぞれが国際的にビジネスを手がける大手企業のトップに就くような人材を失いながらも、ＢＭＷが着実に復活への道を歩んだのですから、ＢＭＷという企業、いやブランドは、優秀な人が集う魅力を擁しているのでしょう。

パンケ社長が就任中に語った言葉です。

「わたしはとりわけ誰かを尊敬するということはしません。むしろ自分の接する人たち全てを尊敬している。兄弟を尊敬しているし、ＢＭＷで働いている人たちを尊敬しています。人はそれぞれの世界で役に立っている。ある特定の職位に属しているから重要と考えるのは間違いで、工場や組織で働く労働者一人ひとりが企業の成功に貢献しているのです。

ＢＭＷは非常に前向きで活動的で、柔軟な企業として成長していました。どんなレベルの従業員であろうと、一人ひとりに大きな責任を持たせ、前向きに仕事に取り組ませていたのです」

やはり、人が会社をつくり、会社が人を強くする。会社がブランドをつくり、またブランドが会社を強くするのです。

4 「退屈な車は作らない」——究極の大失敗から学んだブランド戦略

1990年代、ヤッピーに代表されるターゲットカスタマーからそっぽを向かれ、買収にも失敗したBMW。32億ドルもの損失を計上し、5人の幹部が辞職しました。

『BMW物語』では「究極の大失敗」の章でローバー・グループを買収し、手放すまでを扱っています。著者のデイビッド・キーリー氏も「どのようにして買収を行わないべきか、買収企業をどのように経営しないべきか、そして失敗した取引をさっさと歴史に引き渡し、明日の成功に向かって進みつづけることを学んでもらいたい」と述べています。

BMWは社会の変化に合わせて、「洗練」や「チャレンジング」など、新たなブランドイメージを付加することにより、ターゲットカスタマーと提供価値を再定義しました。

２０００年にランドローバーをフォードに売却し、株価は上昇。再建の立役者となったヘルムート・パンケ博士が社長に就任した02年には、ＢＭＷは第１四半期で最高益を計上したのです。「復活を加速させたのは、長年に渡ってそのブランドに一貫して焦点を合わせ続けたからであり、それが経営陣に、プライドと利益性を取り戻すための明確なロードマップを提供することになった」のです。

本書の中でとても象徴的な一節をもって、締めにしたいと思います。

「パンケ社長は物理学者だが、人事や財務などさまざまな部門を経験した。彼はＢＭＷのブランド力を熟知しており、『ＢＭＷというブランドは、個々のクルマを魅力あるものにするという約束の上に成り立っている。我々は今後もこの約束を守り続ける。退屈な車など作らない、というのも約束の一つだ』と明言している。特に最後の一言には、社内のブランドに対するこだわりが象徴されているとパンケは言う。『あれがもっとも共感を呼ぶメッセージだ。きわめてシンプルで全員の気持ちを一つにする』」

［ケーススタディ］

◆「オール5」なんて要らない――没個性の日本勢と対極

第2節でマーケティングの4P理論のうち、プレース（流通）についてBMWの事例を紹介しました。ここではプロダクト（製品）とプロモーション（広告宣伝）について考察します。

BMWは挫折から立ち直り復活するために、ターゲットカスタマーと提供価値を再定義しました。JOY（歓び）を核に、改定されたブランドアイデンティティによって、足元を見つめ直し、「自分たちの拠って立つ土台」を明確にしたのです。

三本柱の1つは、「ダイナミック」であること。これにはスポーティー（積極的でフェアプレイ精神を重んじる競争心）、オープンマインド（開放的で柔軟な精神）、ヤング（若さあるいは若々しさ）が含まれます。

2つ目は、「洗練」。エクスクルーシブ（本物の付加価値を有する唯一無二のプレミアム）、エステティック（美学。個性的な外観と不朽の様式美）、レスポンシブル（完全なプロ意識と透明性）が含まれます。

そして3つ目が、「チャレンジング」。イノベーティブ（最先端の技術を持って前進する革新性）で、クリエイティブ（機会をとらえ、賢明な考えを紡ぎだす独創性）で、デマンディング（高い目標を常に視野に入れた向上心）を持った挑戦です。

この三本柱からなるブランドアイデンティティを製品の特徴にあてはめてみますと、例えば、運転座席の快適性に関してはベストを目指すが、後部座席の快適性にはそこまでこだわらない、ということになります。つまり自らハンドルを握るドライバーに「駆け抜ける歓び」を提供するのがＢＭＷであり、後部座席に深々と座ってクルマを移動手段としか考えない人たちをターゲットとはしないのです。

すべてにおいて優等生でありたいと願う日本の企業には理解できない部分でもありますが、ＢＭＷは、クルマに求められるところのたくさんの製品特性において「オール５」なんかとる気はありません。「これだけは誰にも負けない」というところを極めつつ、他は平均以上であればいい、と割り切っているのです。

確かに日本のクルマは平均的にそこそこの点数をとれたとしても、没個性が災いし、オール４止まりかもしれません。

もちろん、すべての項目においてトップを目指すに越したことはありませんが、限られた時間とリソースの中では不可能です。ＢＭＷは、限られたいくつかの項目で絶対にトップをとると決め、それらについてトップを守ることがいずれブランドイメージにつながると決めたのです。

ブランドイメージを守り、維持するにはプロモーション（広告宣伝）との整合性も大事です。

ＢＭＷは広告や宣伝の手法においてもイノベーティブでした。例えば、発売される半年も前に新型車Ｚ３を映画「００７ゴールデンアイ」に登場させました。しかも劇中のキャラクター特殊装備責任者Ｑからジェームズ・ボンドに「まず君に新しいクルマをお見せしよう。どうだ、これはＢＭＷの……」と最新機能の説明をさせるとは、わずか90秒の登場シーンではありましたが絶大な宣伝効果があったことは明白です。この成功をまねて、他の自動車メーカーも、今では当たり前になったプロダクト・プレイスメントと呼ばれるこの手法で映画に自社のクルマを登場させるようになったと言われています。

◆常識破りのＣＭ——ネット世代の心をとらえる

また、各自動車メーカーが物語仕立てでセールスポイントを伝えるＣＭが流行っていた90年代半ば、ＢＭＷは宣伝戦略を変え、まるで70年代を彷彿とさせる性能重視を基調とした大胆で辛口な宣伝を展開しました。クルマの屋根やボンネットの先、タイヤに埋め込んだカメラで撮影したポイント・オブ・ビューのモノクロ映像を多用し、迫力ある走行シーンをとらえたテレビCMで、BMW＝スポーティーな走り、を印象づけました。

その成功の秘訣は、ヘビーメタルのバックミュージックとBMWのエンジン音を音響効果として挿入したからとも言われています。「一般のテレビの小さなスピーカーではあまり聴きとれなかっただろうが、高級志向のBMW顧客および潜在顧客の多くはテレビにステレオスピーカーを接続していたので、その音響に鮮烈な印象を受け」売上も伸びた、と本書では記しています。

しかしながら他社も追随し、また露骨に効果を狙いすぎた仰々しい宣伝が増えるにつれ、顧客は次第に関心を示さなくなりました。そもそも2000年になると、50歳以下のBMW顧客はテレビを見ている時間よりもインターネットをしている時間のほうが長いとの調査結果が出ていたのです。

既存の枠を打ち破る宣伝案がいくつか浮かび始めました。その1つは映画の本編が始まる前にショートフィルム（短編映像）を流すというものでした。「BMWは何事にも一流を求める。監督、俳優、プロダクション、すべて一流でなければならなかった」ため、デイビッド・フィンチャー、アン・リー、ウォン・カーウァイ、ガイ・リッチーら錚々たる顔ぶれの監督たちと、フォレスト・ウィテカー、ミッキー・ローク、ゲイリー・オールドマン、ジェームス・ブラウン、マドンナら豪華な出演者たちに声がかけられ、10分程度の短編映像が全8作品製作されました。

「The Hire（雇われ仕事）」と名付けられたこの作品は、全編にクライヴ・オーウェン扮するプロドライバーの主人公が登場し、危険にさらされている人々を助けるという、まさにジェームズ・ボンドばりの理想のヒーローの姿を再現したものでした。

この映像はインターネット上でも配信され、「国際色豊かな監督の顔ぶれは、国境を問わないインターネットの特質にぴったりだった」ばかりか、「高速インターネット接続でネット・ムービーを楽しんでいる若い世代は、ＢＭＷの主要顧客層でもあった」ため、たちまち話題となり、数百万人の消費者が宣伝を押し売りされずとも、自らＢＭＷに接触しました。そして同社はサイトを訪れた数百万人の人々から、メールアドレスをはじめ多くの情報を得、マーケティングにつなげることができたのです。

こうした考察を踏まえると、ＢＭＷは従来の殻を打ち破り、独創性にあふれた、きわめて効果的なブランド戦略の新境地を切り拓いたと言えるでしょう。

4

『メイカーズ』

クリス・アンダーソン著

——ものづくり革命で可能になったニッチ戦略

森下幸典

（プライスウォーターハウスクーパース）

メイカーズ——21世紀の産業革命が始まる／Makers：The New Industrial Revolution　2012年

クリス・アンダーソン（Chris Anderson）著

邦訳：NHK出版、2012年／関美和訳

1　発明から起業へ――ネットで「誰でも事業主」に

『メイカーズ』の著者クリス・アンダーソンは2012年まで約12年間、『ワイアード』US版の編集長を務め、著書では『ロングテール』『フリー』等のベストセラーを生み出しました。

アンダーソンは週末に子供とレゴで遊んだことをきっかけに、自宅にロボティクスの工作セットを製造するための作業場を増築。メイカーズの世界を探求し始めました。現在は3Dロボティクス社の最高経営責任者（CEO）として同社を数億ドル企業へと成長させています。『メイカーズ』は著者の体験やインスピレーションを通じて、製造業の「これからの10年」に示唆を与えるものとして著述した作品です。

著作では「21世紀の製造業はアイデアとラップトップさえあれば誰もが自宅で始められる」と主張します。ウェブの世界で起こったツールの民主化が、ものづくりの世界でも始まり、メイカーズの革命が世界の産業構造を再び変えるのです。

アンダーソンは「起業家は発明家とは違う」と述べ、それを祖父から学んだ体験を通じて説明しています。祖父は熟練した機械工で、かつアマチュア発明家でした。孫の目から見ると祖父は成功した発明家でしたが、大成功とは言えませんでした。

それは祖父が起業家ではなかったからです。産業革命時代の偉大な発明家は賢いうえに、裕福な特権階級でした。それだけ起業家になるのは大変な時代だったのです。ところが現代の我々は、苦もなくウェブの恩恵にあずかることができ、アイデアだけで、世界を変えるような企業の種を生み出すことができます。

一方、これはビットの世界、つまりデジタルワールドに限ったことだとも言えます。ビットは作るのにも運ぶのにもお金を必要としませんが、我々は現実の世界に生きています。ウェブのモデルが草の根からのイノベーションを促し、最終的にはその数倍の規模を持つリアルなモノの経済に影響を与えるのです。

［ケーススタディ］

◆ニッチから大市場へ広がるビジネスチャンス

クリス・アンダーソンが本書で紹介しているのは、米国で始まった、「ウェブやインターネットを最大限活用して新たな製造業のビジネスモデルを構築する」というトレンドについてです。これは伝統的に製造業を得意分野としてきた日本にとっても、関心の高いことではないでしょうか。

既存の大企業が社外との情報共有を強化したり、アウトソーシングの利用を増やしたりといった動きに加えて、優れたアイデアを持った個人がインターネットやデジタル工作機械などの技術を活用してビジネスに携わるチャンスが拡大した、という点が大きな変化として表れています。

例えば、最初は趣味の一環として自宅の一室で始めた事業がどんどん拡大し、ついには趣味の域を超えて正式な事業として起業し、立派なオフィスを構えるまでに成長した、というケースも少なくありません。こういった事業の場合、顧客の多くは個人ユーザーであり、1個何十円という商品を1つだけ配送する、というケースも珍しくないでしょう。しかし、このようなニッチな要求にきめ細かく対応できることが、このような事業形態の強みとなります。

そして、ほかでは手に入らない個性的な商品や質の高いサービスを提供し続けていると、いずれは口コミで評判が伝わり、研究室や教育機関などからまとまったオーダーが来て事業が発展する、という可能性もあります。

このような個人起業家のスタイルは様々で、企画、研究開発から製造、販売まですべて自分ひとりでこなす人もいれば、企画を町工場に持ち込んで協力を仰ぎ、町工場の高い技術力を武器に質の高い製品を作り上げるケースもあります。また、試作品の段階でインターネットを使って情報をオープンにし、早い段階でユーザーからフィードバックをもらうことにより、研究開発にかかる時間とコストを短縮する例もあります。

◆クラウドファンディングが起業成功のカギに

自らモノを作って売る、という形態の事業だけでなく、サービス業においても起業のチャンスは拡大しています。例えば、海外の商品を個人輸入する手続きの支援で成功した例もあります。個人ユーザーが海外から1個だけ輸入すると、配送料や関税などの負担が大きくなってしまいます。そこで、同様の商品を欲しがっているユーザーのオーダーをインターネットを使って取りまとめ、一括して発注するサービスの代行を行う、というものです。

起業にあたっては資金調達も無視できない重要なテーマとなります。成功したベンチャー企業の中には、クラウドファンディングを有効活用した例が多く見られます。クラウドファンディングとは、インターネットを使って小口の資金を集める手法です。個人が自分のアイデアをソーシャルメディアなどを使って紹介し、賛同者を募ります。まだ実績がなく金融機関などからの資金調達が難しい段階において有効な手段として、注目を集めています。

関連する法整備の議論も行われており、既に米国では2012年に新規産業活性化法（JOBS法＝the Jumpstart Our Business Startups Act）が成立していますし、日本でも13年より金融庁で検討が始まっています。

海外の大手企業が、安価で機能的にも劣らない製品で攻勢をかけてくる環境の中、個人のアイデアが世の中に出てくるチャンスが増えれば、日本の製造業復活の1つの芽となり得るのではないでしょうか。

2　復活する町工場――ネットがつなぐ「工夫の輪」

アンダーソンは、「これまでの10年はウェブ上で創作し、発明し、協力する方法を発見した時代であり、これからの10年はその教訓をリアルワールドに当てはめる時代である」と説きます。

大量生産には技術と設備と投資が必要で、製造業は大企業と熟練工に独占されてきました。

ところが、ものづくりがデジタル化された結果、それが変わり始めています。アイデア次第で製造サービスサイトにファイルをアップロードし、望みの個数だけ製品を作ることもできるし、3次元（3D）プリンターを使って自作することもできるのです。

現在、世界には約1000カ所の「メイカースペース」と呼ばれる共有の工作施設が存在します。

メイカーズは画面上でデザインし、デスクトップの工作機械で作り、自分の作品をオンラインでシェアします。ウェブによる影響力は大きく、人々とアイデアがつながると、その輪が拡大し、さらなる好循環を引き起こします。アンダーソンは「世界中のガレージ職人よ、立ち上がれ！」と呼びかけます。草の根的な各地に分散された、起業家精神にあふれた製造業が生まれるのです。

第1次産業革命時に繊維産業の中心として栄えた英国のマンチェスターは、その後、衰退を続けることになりました。

今のマンチェスターは、かつての繊維倉庫が有名デザイナーによってオフィスとして改修され、ウェブ企業、ゲーム開発業者などが入居しています。工作機械を市民が自由に利用できるラボも英国で最初につくられました。再びマンチェスターから世界を変えるような新しいものが生まれる日が来るかもしれません。

デジタルなデスクトップ・ファブリケーションは機械化された手工業を生み出し、ローカルな発明とグローバルの生産の組み合わせを可能にします。そのことにより、場所ではなく嗜好によって分かれたニッチ市場の需要を満たすことができるのです。

［ケーススタディ］

◆マンチェスターを再生した「ファブラボ」とは

英国のトニー・ブレア元首相は、「21世紀において、マンチェスターほど見事に復活を遂げた都市はない」と述べました。そして、その成功の要因を「モダンワールドの適用」であると主張しています。その言葉に象徴されるように、現代のマンチェスターは学園都市、研究都市として多くの文化人、知識人を集め、ロンドンに次ぐ英国第2位の大都市として再生しました。

かつてのマンチェスターは「コットンポリス」と呼ばれ、繊維産業を中心に、産業革命の中心的な役割を果たして隆盛を誇りましたが、その後徐々に衰退しました。しかしながら、産業構造の変革に成功して、現在では約40％が知識産業に従事しており、特にＩＴ（情報技術）産業の活性化がマンチェスターの復活を支えたと言われています。そして、それを表す象徴的な存在の1つとして、「ファブラボ」があります。ファブラボは、ものづくりを表す“Fabrication”と楽しさを表す“Fabulous”を合わせた造語です。

ファブラボは、個人による自由なものづくりの可能性を広げるための実験工房として、試作や少量生産を行うために必要なツールを無料で提供したり、発明家と開発者、ユーザーとがネットワーキングできる場所を提供したりしています。ファブラボでは施設を使うユーザーに対して様々な配慮がなされています。そこで使用される工作機械は、扱いやすく、耐久性に優れていることが必要であり、そのためには多少高価な機械の導入も惜しんではいけません。

一般に工作機械を使うのは難しい、というイメージがあるため、多くの人に使ってもらうためには、できるだけそのハードルを下げる必要があるのです。

ファブラボはマンチェスターだけではなく、現在英国に複数誕生しており、それらがネットワーキングすることによって相乗効果を生むことが期待されています。UK Fablab Network の代表を務めるクリス・ウィルキンソン氏は、航空機のエンジニアとして大手企業で30年以上の勤務実績を持つ人物です。マンチェスターの再生は、人々がものづくりに対する意欲を取り戻したことが、大きな成功要因の1つであると言われています。

◆ニッチ市場をグローバルに広げられる時代

日本においても、ファブラボは増加しています。個人起業家の中には、このようなメイカースペースを利用することを前提に、工作機械は自分では所有しないという方針で事業を行っているケースも見られます。また、日本の町工場の技術力の高さに注目し、世界で競争できるレベルの製品を生み出すために、個人起業家が町工場とコラボレーションするケースもあります。自由な発想で新しいものづくりを行う環境が、日本でも整いつつあると言えるでしょう。

このような環境は、既存の製造業の枠組みの中からは生まれにくく、これからの製造業の再活性化の担い手として期待されるのは、ファブラボのような施設を活用してアイデアを共有し、互いを高めあえる個人の力です。「こんなものがあれば良いのに」という自分のこだわりのデザインを形にして、それを同じようなこだわりを持った人たちと共有し、さらに少量生産に応じてくれる町工場の協力を得られれば、インターネットを使っていきなりグローバルマーケットに打って出ることも夢ではなくなる、そんな時代が来ているのです。

3 「四種の神器」でものづくり革命——姿現すデスクトップ工房

大量生産から職人モデルへの回帰を可能にする「デスクトップ工房」に必要不可欠なツールとして、アンダーソンは3次元（3D）プリンター（デジタルデータから立体を造形する装置）、CNC装置（塊からモノを削り出す装置）、レーザーカッター（レーザー光を使ってモノを切断する装置）、3Dスキャナー（モノを3Dデータに取り込む装置）を「四種の神器」と紹介しています。

これらのツールを活用することで、ものづくりが資本集約型の産業から、アーティスティックなものへと変化する可能性が生まれます。

一方、これらのデジタル製造技術は1000個作るのも1個作るのも、単位当たりのコストは変わらないので、大量生産には不向きで規模の経済が働かないという側面もあります。多様なニーズに少量ずつ応えるためには、この点は逆に有利に働きます。従来のものづくりのやり方ではコストのかかる「多様性、複雑さ、柔軟性」といった点が、デジタル生産ではコストフリーになるのです。

デジタル言語に変換できる情報は全てオンラインで無償提供し、その代わりに物質的な製品は有料で販売するという手法をアンダーソンは「ビットを与え、アトムを売る」という言葉を使って表現しています。イノベーティブなアイデアを広く公開することにより、様々な人からのフィードバックを得ることができ、長期間秘密裏に研究開発されたものよりも速く、安く、より良いものが開発できるというのです。

著者は「メイカーズはニッチ企業だけでなく、大企業の変革にも役立つ」と主張しています。コンピューターや汎用ロボットの活用により、普遍的なものづくりの装置が生まれ、一カ所で何でも作れる工場が出現するかもしれません。さらに「雇用創出にも役立つ」としています。インターネットによって場所に制約されることなく、優秀な人材を活用することが可能になるためです。

［ケーススタディ］

◆3Dプリンターでコストと納期を圧縮

アンダーソンが、「デスクトップ工房の四種の神器」として定義している、3次元（3D）プリンター、CNC装置、レーザーカッター、3Dスキャナーは必ずしも一般的になじみのあるものではないかもしれません。ここでは、それらについてもう少し詳しく解説します。

我々が普段使っている2次元（2D）のプリンターは平面に文字または図形を描き出すものです。それに対して3Dプリンターは、3Dのデジタルデータをインプットして、手に取って実際に触れることのできる立体を作り出すことができます。

具体的には、溶融プラスチックを積み上げてオブジェクトを作る方式や、液体または粉末の樹脂にレーザーを照射することによって固めて立体を成形する方法などがあります。この装置を活用することによって、試作品や建築模型の作製などが容易にできるようになります。また、強度の高い材料を使って、試作品だけでなく金型や実部品まで作成できるものもあります。医療用樹脂や医療用機器にも活用されています。

3Dプリンターを活用するメリットは、机上のデザインの代わりに実物に近い立体のイメージを確認できることです。これによってデザインの手戻りが減少するので、設計工程が短縮され、コストダウンにもつながります。また、設計部門と製造部門が早い段階で意思疎通を行うことができ、品質の向上と納期短縮に役立ちます。

◆CNC装置——精密さとスピードを両立

CNCとは、“Computerized Numerically Controlled”の略で、機械の動きをコンピューターで制御することによって、精密さやスピードを要求される加工作業を可能にするものです。

3Dプリンターとは逆に、CNC装置はドリルを使って塊からものを削り出す装置です。具体的な用途としては、刺しゅうやパッチワークキルト用の装置、シルクスクリーン用のサインやビニールカッター、工芸用の紙や繊維カッターなどがあります。なかには、木製の家具が作れるような大きな装置もあり、工業用のものでは飛行機の機体サイズのものを削り出すことができるものもあります。CAD（Computer Aided Design）、CAM（Computer Aided Manufacturing）と組み合わせて、製造工程の完全自動化を行う例も多く見られます。

◆レーザーカッター——ガラス・金属・石材を正確に切断

レーザー光は波長が安定しているため、指向性、収束性に優れています。レーザーカッターは、この特長を生かして、ガラス、金属、石材等を正確に切ることができます。接合部がぴったりと合致することを要求される部品を作る場合等に適しています。さらに、レーザーカッターは切断するだけでなく、折り曲げを行うこともでき、手作業での組み上げの手間を省くことが可能となっています。

◆レアな製品や芸術作品も3Dスキャナーで再現

レーザー光線等を照射して、様々な角度から物体を取り込み、コンピューター上に3Dの画像を作ります。例えば、古い製品で既に金型をなくしてしまった場合でも、3Dスキャナーを使用すれば再び金型作製に必要なデータを得ることができます。これによって、希少性の高い製品や芸術作品などのデータを保存し再生することが可能になります。

これらのツールを活用したデジタル生産時代の良い点について、アンダーソンは、「大量生産とカスタム生産のどちらも自動化され、2つの選択肢を持てることだ」と主張しています。

これからは、オリジナリティーを持った、大量生産には向かないモノの需要が増えてくると予想し、四種の神器が多品種少量生産にかかるコストを大幅に低減することに役立つと説いているのです。

4　製造業の未来——「ニッチ」が世界を席巻する

「起業家を目指すメイカーズは本物のビジネスを築くまで諦めない情熱が必要だ」と、アンダーソンは言います。趣味をビジネスにするにはエネルギーが要りますし、資金や設備も必要です。そこで「クラウドファンディングやクラウドファクトリーなど、オンラインの活用が起業の助けになる」と強調しています。

メイカームーブメントの盛り上がりで、米国や西欧などの先進国がものづくり大国の地位を取り戻すのか、あるいは少数の巨大製造企業だけが生き残り、ニッチ市場向けの小企業が無数に生まれるのか。

アンダーソンは自らの問いに対して「(これらの) 先進国は復活できる」と主張します。「大量生産に変わり、より多くのものが必要に応じて作られるようになる」と考え、「人件費は高くても機敏さに優れた先進国へと製造業の振り子は戻るだろう」と予測しています。

グローバリゼーションの動きは世界をフラットにし、低賃金の新興国へと製造業が移転しました。しかし、オートメーション化により製造業に占める人件費の割合は低下。これからは輸送費や時間といった他の要素、すなわちサプライチェーンの優位性が決め手となります。政治や為替などのリスクが、海外生産の利点を失わせてしまう可能性も否定できません。

製品開発でも「低賃金よりイノベーションを促す文化に対してメイカームーブメントが有利に働き、コラボレーションやコミュニティによる開発を大切にする社会が勝つだろう」と説きます。このような社会では優れた才能と高いモチベーションを持った人材が見いだされやすく、活躍するチャンスが増えるのです。

著者は大ヒット作がなくなる、と言っているのではありません。「新しい時代では大ヒット作による独占が終わり、より多くの人がより多くの小さなニッチに注目し、より多くのイノベーションを起こす時代になるのだ」と強調しているのです。

[ケーススタディ]

◆サプライチェーン改革は地球規模で

製造業A社は大きな変革の時を迎えています。成熟した国内市場は縮小するとの見方が大勢を占める一方で、中国・インドをはじめとする新興国市場の成長は著しく、その存在感は日ごとに増しています。

「品質のよい製品を作り、販売網を押さえていれば売れる」「人件費の安い海外に進出すればコストは下がる」といった従来の考え方を見直す必要性に迫られており、足元の戦略から将来に向けた研究開発投資まで、幅広い対応が求められています。

特に新興国市場に対しては、開発・生産機能の現地化がますます進むことが想定され、グローバルサプライチェーンや組織・人事、会計といった様々な観点から仕組みを再構築することが必要になっています。

これまでもA社は新興国での市場シェア拡大に向けたコストダウンの努力を行ってきましたが、当初期待したほどの成果を上げることができておらず、そして、その原因が品質低下の問題にあることを認識していました。そこで、まず製品開発プロセスの改善に重点的に取り組むことにしました。

例えば、自動車業界では製品の品質が原因で顧客からのクレームを受けると、その対応に1日あたり約1億円のコストがかかる、といわれています。品質リスクはコストを押し上げるプレッシャーになるとともに、顧客満足度が下がれば販売力が低下し、利益低下にもつながってしまいます。

A社では、設計変更や工程見直しが多発しており、それらが原因となって品質低下を招き、クレームを増加させていました。それらの具体的な原因を追究すべく、各部門の業務プロセスを詳細に分析した結果、主な原因は、「開発、生産、アフターセールスの各部門間のコミュニケーション不足にある」という仮説を立てました。

例えば、開発段階においては、関連する各部品の開発スケジュールの整合性が取れておらず、手戻りや遅延が多く発生していました。生産部門では、納入される部品に対して、ある程度は劣悪品が入っていることを想定した入念な検査を行う努力が欠けており、不良品が工程に投入されてしまうことがありました。また、アフターセールス部門では、クレーム情報や設計変更情報が正しく共有されておらず、品質に関する情報の入手に時間がかかっていました。

◆根本から変わる工業経済

A社では、「潜在するリスクを洗い出してそれらの原因を分析し、対応策を検討して優先順位を付け、対策実施のためのロードマップを策定する」という一連のプロセスを明確化して、部門横断的にそれらを導入しました。これによって、部門間のコミュニケーションがタイムリーに行われるようになり、全体の品質向上に役立ちました。

さらに調達プロセスにも注目しました。調達部門では、安く調達することだけが評価の中心となっており、品質が軽視されてしまうことがありました。さらに、小規模のサプライヤーとのやり取りは紙やFAXになるため、その手続きが煩雑化していました。

そこで、A社は品質を評価基準として重視するとともに、サプライヤーに対して共通のシステムを提供し、小規模のサプライヤーでもウェブを通じてペーパーレスで受発注が行えるように変更しました。

また、この仕組みを活用することにより、サプライヤー側の生産能力や生産計画を把握しながら調整を行うことも容易になりました。

アンダーソンは、「情報が隅々まで行き渡るデジタル市場では、アイデアはどんな場所でも生み出され、世界を席巻することができる」と主張します。そして、「目の肥えた消費者のために数千個単位で作られるニッチな商品が、工業経済を根本から変え、ものづくりの世界を再形成することになるはずだ」と予言しているのです。

5

『成功はゴミ箱の中に』

レイ・クロック、
ロバート・アンダーソン著

――マクドナルド帝国を築いた肉食系経営者

楠木建（一橋大学）

成功はゴミ箱の中に――レイ・クロック自伝／Grinding It Out：The Making of McDonald's

レイ・A・クロック（Ray A. Kroc）、ロバート・アンダーソン（Robert Anderson）著　1977年

邦訳：プレジデント社、2007年／野地秩嘉 監修・構成、野崎稚恵訳

1　マクドナルドを創ったハンズオン男

『成功はゴミ箱の中に』は、米マクドナルドを創ったレイ・クロックの自伝です。この強烈な経営者の本質を4つの視点から解読したいと思います。

今日のマクドナルドの前身は、ロサンゼルス郊外でマクドナルド兄弟が経営していたハンバーガーショップでした。クロックがこの店に興味を持ったのは、偶然です。

当時の彼は「マルチミキサー」という、しがない飲食店向け機械のセールスマン。調べてみると、この店1店舗でマルチミキサーを8台も所有していました。よっぽど繁盛しているらしい。いったい彼らはどういう店をやっているのか。確かめるために、クロックはすぐさま現地に赴きました。

そこでクロックがとった行動が面白い。開店前には到着し、しばらく店の外観を観察します。別に目立った特徴はないのに、開店と同時に車がひっきりなしにやってきて客の行列ができます。

クロックも列の最後尾に加わりました。行列の前にいる男になぜ人気か尋ねると、「15セントにしては最高のハンバーガーが食えるのさ。待たされてイライラすることもないし、チップをねだるウエートレスもいない」。

裏手に回り、ハンバーガーにかじりついている客に、週に何回ぐらい来ているのか、何がいいのか、聞いて歩きます。そうしながらも目はいそがしくあたりを見回し、暑い日なのに全然ハエが見当たらないとか、駐車場にもゴミ一つ落ちてないとか、細かいところもチェックしています。自分の足で動き、自分の目で見て、自分の手で触って理解しようとするハンズオンの人なのです。

客がひける午後2時30分ごろに改めて店を訪れ、マクドナルド兄弟に自己紹介をします。2人をディナーに誘い、根掘り葉掘り聞き出します。実にシンプルで効果的な商売だと感動するのです。クロックはモーテルに泊まるのですが、翌朝起きたときにはもうマクドナルドを大きく展開する具体的なプランが出来上がっていました。

［ケーススタディ］

◆過剰に強烈な創業経営者

僕にとってのいい本の基準の1つに、「著者と脳内で対話できる本」というのがあるのですが、この本は対話どころではありません。こちらの反応はお構いなしに、耳もとでガンガンがなり立ててくるような熱い主張のオンパレードです。おそらく実際に横にいたら「もう勘弁してよ……」と言いたくなること請け合いの強烈なパーソナリティーの経営者、それがレイ・クロックです。

以前、ハロルド・ジェニーンの名著『プロフェッショナルマネジャー』を取り上げて紹介したことがありました（日経文庫『マネジメントの名著を読む』所収）。ハロルド・ジェニーンは無私で冷徹な必殺経営請負人。同じ経営者でもレイ・クロックはジェニーンのような「プロフェッショナルマネジャー」とは真逆の人です。

ジェニーンも本の中でこう言っていました。公開大企業のかじ取りをまかされたプロの経営者と、リスクをとって新しい事業を興す創業経営者とはパーソナリティーやモチベーションが違って当たり前。創業者経営者として大成功する人というのは、タイプはいろいろあるにしても、多かれ少なかれ「過剰に強烈」だと。その典型を、もうやめてくれというぐらいお腹いっぱい味わえる1冊です。

先に紹介した「Ｄａｙ1のエピソード」のポイントは、クロックはそもそも新しい商売を始める計画があって視察に行ったのではなかったということです。マクドナルド兄弟の店に行ったのは、あくまでもマルチミキサーの営業のためでした。店の評判を聞いて、マルチミキサーの商売相手としてよいのではないかと見込んで、とりあえず見に行っただけなのです。

そこで頼まれもしないのに観察力、取材力、企画力をばりばり発揮して、1人で勝手に大興奮します。思い立ったら即実行。これで始まったのがマクドナルドという、人生後半戦でものにしたクロックの逆転満塁ホームランでした。

商売勘が抜群です。マクドナルド兄弟の店の観察で、クロックは即座にフライドポテトに注目しています。フライドポテトはハンバーガーのつけあわせと考えられていましたが、マクドナルドの評判のカギはフライドポテトにあると、クロックは見抜いていました。すぐにピンときて、マクドナルド兄弟に「あなたがたはポテトにこだわっていますね」と水を向けます。

◆ゴミ箱の中を調査

マクドナルド兄弟にしてみれば、我が意を得たりという言葉でした。実際、2人はフライドポテトにはあふれんばかりの情熱をそそぎ、アイダホ産の最高級ポテトを使って、専用の油で揚げていました。クロックは本職でもないのに、そういう商売全体のキモの部分に直観的に目が行ってしまう人でした。

レイ・クロックは当時52歳。この日ばかりではなかったはずです。この年に至るまでのセールスマン生活で、こんなことばかりやっていたに違いありません。

現場を自分で直接見て、聞いて、触って、手足を動かしながら考える。商売勘に火がつけば、即座に動いてみる。こうした徹頭徹尾ハンズオンのスタイルは一朝一夕に身につくものではありません。マクドナルドの店を訪れるあの日のはるか以前から、この人の芸風として確立していたに違いないのです。

全編を通じてこうしたエピソードは枚挙にいとまがないのですが、もう一カ所だけあげておきたいことがあります。本のタイトルにもなっている話です。「競争相手のすべてを知りたければゴミ箱の中を調べればいい。知りたいものは全部転がっている」

「競争相手にスパイを送り込んでもうかるアイデアを盗めば？」というアイデアに対し、そんな必要はないと烈火のごとく怒って吐いた言葉です。実際クロックは「深夜2時に競争相手のゴミ箱をあさって、前日に肉を何箱、パンをどれだけ消費したのか調べたことは一度や、二度でない」と告白しています。

スパイなんて送らずとも、自分の目と手で取ってくることのできる情報はいくらでもある、というわけです。

◆コンピューターには頼らない

この姿勢はマクドナルドが米国全土に4000店を展開する巨大企業になってもまったく変わりませんでした。ある役員が地図に売り上げ別に色違いのピンを刺しているのを見て、自分にはそんな地図は必要がないと豪語しています。

「どこにどういう店があるか、フランチャイズオーナーは誰なのか、売り上げはどれぐらいか、問題点は何か、といったことはすべて頭の中に入っている」

クロックは店舗候補地を探す不動産活動をするのがとにかくスキ（もう1つの大好物は商品開発）で、いつも現地で店舗を視察し、状況を細かく把握していました。不動産開拓のために、会社のヘリコプター5台を使い、それまでの方法でどうしても見つからなかったような出店立地を探しだしたりしています。

本社のコンピューターには、出店立地調査専門のプログラムが入っていたのですが、そんなデータはクロックには不要でした。彼はマクドナルドがいくら巨大になっても、最初にサンバーナーディーノのマクドナルド兄弟の店に行ったときと同じメンタリティで同じことをやり続けていました。

周辺を車で回り、近所の人が行くスーパーに足を運び、地元の人と言葉を交わし、あれやこれや観察するのです。そのうえでマックがその地域でどう成長するか、即座に頭の中でストーリーを組み立てました。

「もしコンピューターの言うことを聞いていたら、自動販売機がズラッと並ぶ店になっていただろう」とクロックは言います。「我々は決してそのような店はつくらない。マクドナルドは人間によるサービスが売り物で、オーダーを取るカウンターの店員の笑顔が我々の大切なイメージなのだ」

クロックにとっての店舗とは、人間が人間を相手にモノを売る舞台です。どんな暮らしをしている、どんな人を相手にするのか、その理解なしに商売はできません。コンピューターや調査会社に教えてもらうものではなく、自分で見て、感じて、自らの手でつかむ。レイ・クロックは最初から最後までハンズオンの経営者でした。

2 デカいことが好きな人――1を1000にする

レイ・クロックはとにかくデカいことが好きな人でした。ゼロから1を生むよりも、1を1000にすることにモチベーションをかきたてられたのです。マクドナルド兄弟のハンバーガーショップの原型はそのままに、その良さを最大限に生かして事業をデカくする仕事に集中しました。

人はオリジナリティーがないと言うかもしれませんが、クロックはまったく気にしません。「いや、マクドナルド兄弟の発想はホントによくできている」と絶賛し、「あとは私がデカくしましょう！」というのです。

後の話ですが、ブレント・キャメロンという店舗設計の代表が通常規模のマックの店舗を維持するほど集客が見込めない立地向けに、「ミニマック」を展開するというプランを提唱しました。小型のマクドナルドです。

クロックはこんなチマチマしたアイデアには我慢がなりません。

立地条件からして「合理的」でも、座席が38しかない店などは彼にとっては「あり得ない！」のです。

ミニマックはクロックの意に反して成功しますが、すぐに打ち止めになります。担当者がクロックの反論を聞くのにうんざりしたからです。

クロックは改築と座席を増やすキャンペーンを繰り広げました。「私が80席必要だと思ったところには50席しかなく、140席必要だと思ったところには80席しか置いていなかったからだ」「思考のスケールが小さいと、その人自身も小さいままで終わってしまう」が彼の信念でした。

140席なら昼に全席埋まるのは1時間半だけで、それ以外は半分以上空席になると認めています。それでも「ビジネスは施設を目いっぱい使って拡大していく」という考え方がスキなのです。

部下には釈然としない向きも少なからずいたでしょう。しかし、このレイ・クロックの理屈抜きのスケール志向がなければ、マクドナルドはマクドナルドであり得なかったのもまた事実です。

［ケーススタディ］

◆独創性よりもインパクト

クロックはその性格からして、おそらくいつかは自分でデカい商売をやりたいという考えがあったのだと思います。しかし、52歳になるまで何もモノにしていません。ひたすらマルチミキサーと紙コップを売っていただけでした。たまたま日々の営業のプロセスで出合ったのが「金鉱を掘るのと同じ」くらい魅力的なアイデアだったというわけです。

創業の引きがねはよく「新しい市場」「新しい技術」「新しいアイデア」などといわれますが、マクドナルド兄弟の店を訪れるそのときまで、クロックにはこの3つのうち1つも持ち合わせがありませんでした。

このタイプの経営者にとって何よりも重要な成果は、独創性というようなフワフワしたことではなく、ずっしりと手ごたえのあるインパクトなのだと思います。

一番手ごたえがあるのは、なんといってもスケールのデカさ。1を100にも1000にも1万にも10万にもしてやるぞ、という話です。スケールがデカいからこそ、世の中を変え、人々の暮らしに影響を与え、それを経営者として実感することができるのです。

この本の巻末にはファーストリテイリングの柳井正さんとソフトバンクの孫正義さんの対

談が載っています。このお2人もまたレイ・クロックと同様に、スケール志向の経営者です。とにかく事業をデカくして、世の中にインパクト与え、人々の生活を変える。むき出しの野心といえばそうなのですが、経営者としてのストレートなモチベーションです。

◆マクドナルドのシステムのリピーターをつくる

もちろん、むやみに規模を追求していたわけではありません。商売を「可能な限りデカく」するためには、デカいオペレーションをぶん回す仕組みがカギを握ります。

当時の外食業界で、クロックほど仕組みづくりにこだわった人は皆無だったでしょう。「特定の店舗やフランチャイズオーナーのクオリティーに依存していては話にならない。特定のお店やメニューのリピーターではなく『マクドナルドのシステムのリピーター』をつくらなければならない」。クロックはこのことをマクドナルドの草創期から明言しています。

マクドナルドで独自に開発されたシステムのなかで、レイ・クロック自身が初期に取り組んだものとして、パンのオペレーションがあります。

開業当時は「クラスターパン」という、4個とか、6個のパンが一塊になっているものを一個ずつ切り分けていましたが、これが大変な作業になるので、あらかじめ切り目を入れたパンを仕入れるように改良します。さらに、そのパン用に頑丈で、繰り返し使える箱を開発し、製パン所の梱包費用を削減してパンの代金を下げさせます。

構想はひたすらデカいのですが、クロックの天才はこういう細かいシステムづくりでこそ発揮されます。ハンズオン、現場主義といってもいろいろなタイプがあります。

自分1人ですべてを抱えてしまっては、スケールの拡大はできません。いまより10倍、100倍、1000倍の規模でやるとしたら、どういう仕組みを導入すればいいのか。クロックは何を見てもこの視点で考えています。

クロックはパンのみならず、肉のパティにも細かいこだわりをみせました。マクドナルドでは1ポンドあたり10枚のパティを作ると決め、それはすぐに業界標準となりました。また、パティを包むのに一番適した包装の方法を考えた結果、適量のワックスがかかっている紙だとパティがはがれやすくてよいという結論に至ります。高く積み重ねると下のパティがつぶれるので、最適な積み上げ方も研究して、パティ納入業者の箱の高さもそれに合わせるよう改良しました。ことほどさように、クロックは「仕組みづくりにおいてハンズオン」なのです。

◆すべての店舗で同じサービス

システム化の目的は仕事を簡素化し、能率を上げること。各店舗の利益を搾り出すことが一義的な目的なのではありません。すべての店舗で同じようなサービスを展開する。真の目的はここにあります。

これもスケールの追求のためです。標準化ができて初めて急速な多店舗展開が可能になります。すべてをスケールから逆算して考える。この発想がマクドナルドの戦略ストーリーに骨太の一貫性をもたらしています。

標準化したシステムに乗せてフルスケールでぶん回していくという戦略ストーリーの強みは、失敗と成功の見極めが容易になるということにもあります。少しずつ拡大していくという手法は、一見リスクがないようですが「もう少し待てばなんとかなるのでは」「いやいや、ここからが本番」と自分に言い訳がきいてしまいます。

そして気づいたときにはだらだらと損を重ねてしまっています。そこまで続けてしまうと、埋没コストが大きくなり、これが心理的な退出障壁となり、失敗が泥沼化します。

クロックの場合、ありとあらゆることをすぐに実行して試してみるのですが、システムに乗らないなと思ったら即、手を引きます。早めに失敗すれば、そこから学んで再チャレンジできます。

なぜ実行に踏みきるのが難しいのか。それは失敗の基準がないからです。事前に失敗の基準さえはっきりさせて、その基準に触れた時点ですぐに手じまいにすれば、致命的な失敗にはなりません。

◆失敗したけどやってよかった

クロックは商品開発が大スキな人で、当然のことながら味覚の鋭さには自信をもっていました。しかし、あるとき「フラバーガー」なるものを考案して、大失敗しています。

2枚のスライスチーズと焼いたパイナップルをトーストしたパンに載せる、というものでした。なぜこれを売り出したかというと、「自分の大好物だったから」。フィレオフィッシュより成功すると確信していましたが、たいして売れませんでした。

このときも、システムにうまく乗るだけの売り上げにならないことを確認すると、即座にひっこめています。

クロックはほかにもいろいろやらかしており、「失敗について、おそらく1冊分の本がかけるだろう」と、いくつかエピソードを紹介しています。いずれの失敗においても、失ったもの以上の教訓を得られた、失敗したけどやってよかった、と結んでいるのがクロックらしいところです。

3　直情径行の人——マイクを奪い取り、怒鳴る

レイ・クロックという人はとてつもないエネルギーにあふれた直情型の人間です。クロックはマクドナルドで成功してから、サンディエゴ・パドレスという大リーグチームを買収します。観客が楽しめるようにとアイデアを次々に打ち出し、幹部スタッフの給料を上げ、選手も補強しました。来場客は増え、窮乏していた球団が息を吹き返します。

パドレスがホームゲームでピリッとしない試合をしていたときのこと。1人で勝手に音響ブースに駆け上がり、実況中継をしていたアナウンサーのマイクを奪い取るやいなや「こちら、レイ・クロックです」と、観客に直接呼びかけました。

「良いニュースと悪いニュースがあります。この球場より大きい球場でロサンゼルス・ドジャースの開幕戦が数日前に開催されたときより、1万人多い来場者数となりました。これが良いニュースです。悪いニュースとは、我々がひどいゲームをお見せしているということ

です」と怒鳴りました。

「謝罪します。私はうんざりしています。これは私が見た中でいちばん下らない最悪の試合です！」と大音響で絶叫しました。観客はただ驚くばかりです。還暦を過ぎてこのエネルギー。感情がストレートに出ます。

クロックはさまざまな慈善活動をしています。しかし、大学だけは意地でも支援しないと公言していました。

なぜですかと問われると「学生は金もうけについて何も学んではいない」「学士号だらけで肉屋が少な過ぎる」「インテリが嫌いなんじゃない、インチキなインテリが嫌いなんだ」と返しています。

そうかと思えば「私には博士号がある。ダートマスカレッジが私を人文学の名誉博士にしたのだ」と自慢します。まったく理屈もなにもあったものではありません。

この大いなる「矛盾の自己肯定」に、創業経営者に特有の強さがみてとれます。

［ケーススタディ］

◆景気の悪いときこそ建てるんだ！

『成功はゴミ箱の中に』の13章には、「トップは孤独である」というタイトルがついています。しみじみとしたイイ話なのかなと期待して読んでみると、やはり他の章と変わらないアツい話が出てきます。

ハリー・ソナボーンという、創業期からの財務担当重役がいました。メニューや店舗開発など攻めのほうをクロックが、財務会計などの守りのほうをソナボーンが担当し、それまで二人三脚でうまくやっていました。

ところが、クロックが愛してやまない新店舗建設について、景気の動向を考えれば出店を一時凍結し、現金を蓄えたほうがよいとソナボーンが言い出したからもう大変。2人の間に亀裂が走ります。

クロックは激怒し、ソナボーンは会社を去ります。彼が辞めたあとも、店舗建設は地域経済が活性化するのを待ったほうがよいというのが社内の意見の主流でした。クロックは「ばか野郎！　景気の悪いときにこそ建てるんだ！」と怒り狂い、慎重派の意見を叩きつぶしていきました。

創業期からのメンバーであるソナボーンはマクドナルド株を大量に保有していました。自分がマクドナルドを離れれば企業価値が下がるだろうと考えたソナボーンは、去るときに全部持ち株を売り払っています。

彼はそれを資金として、新たに金融業に参入しようと考えていました。しかし、彼が辞めた後もさらに株は上がり、当時のほぼ10倍になりました。

こうした成り行きについて、クロックは「マクドナルドに対する信頼感の欠如は、彼に大きな犠牲を払わせることになった」とわざわざ本に書いています。大人げないといえば大人げない。

さらに、ソナボーンの辞職を聞いてトップ管理職の1人が「万歳！　マクドナルドはハンバーガービジネスに戻った」と言って喜んだという話まで大得意で披露しています。邪魔者が去って、社内の雰囲気が明るくなったと言わんばかりです。

◆商売は自己中心ではなく

ようするに、「トップの孤独」というよりも、クロックのこの激情的でワンマンな性格ゆえに、まわりの人間が離れていったというのが実際のところです。

しかし、商売の根幹部分は誰にも反対させないというくらい、強く激しい意志の持ち主でないと、これだけの商売を創りあげることは無理だったでしょう。

不思議なことに、レイ・クロックという人は、こと商売となるとまったく自己中心的ではなく、徹底的に顧客視点になります。彼の言葉でいえば「セールスマン魂」。これはペーパーカップを売っていた若い頃からたたき上げた経営哲学です。

ペーパーカップのセールスマンだった当時の主要顧客はソーダ・ファウンテンでした。ソーダ・ファウンテンのオーナーたちは使い捨ての紙よりもグラスを洗って使うほうが安上がりだと考えていたので、クロックは何度も門前払いを食らいます。

しかし、彼はグラスを洗う作業が厄介で、熱湯を大量に使用するため、いつも店内が湯気に覆われて視界が極度に悪いということを見逃しませんでした。ペーパーカップを使えばこれを解決できますよ、と売り込みます。

いまでいう「ソリューション」「提案型営業」です。

ソーダ・ファウンテンは、人々が冷たい飲み物を欲しない冬になると客足が落ちてきます。クロックは冬場になると無理やりペーパーカップを売ることは絶対しませんでした。「私の仕事は、顧客の売り上げを伸ばすことで、顧客の利益を奪うことではない」。1924年、レイ・クロックがまだ22歳のころのエピソードです。

やることなすこと横紙破りの人なのに、顧客に対しては無理を通すことは絶対しない。まず客をもうけさせる。その結果として自分がもうかる。これが20代の頃からクロックが厳守していたスタンスです。いまも昔も変わらない、商売の原理原則です。

◆フランチャイジーにも顧客目線

大手ドラッグストアチェーンのウォルグリーンに、ペーパーカップでドリンクのテークアウトをやってはどうかと提案したとき、最初は店員に大反対されました。店としては同じものを売っているのに、余分にカップ代を払わなければならないからです。クロックはそこで諦めず、1カ月分のペーパーカップをタダで提供するから、ためしにやってみろとけしかけました。

クロックの発案したウォルグリーンのテークアウトビジネスは、面白いほどもうかりました。その結果、ウォルグリーン本社と契約を結ぶまでになります。

こうした顧客視点はマクドナルドのフランチャイジーについても向けられました。マクドナルドはフランチャイジーに対してサプライヤーを兼ねません。クロックの下した明確な意思決定です。

なぜか。自分たちがサプライヤーになると、どうしてもその取引における自分の利益に目が向いてしまいます。フランチャイジーのビジネスが二の次になる、それではパートナーとはいえない、というわけです。

また、クロックは店にジュークボックスや自動販売機を置くのも禁じています。お金にならないお客が増えたり、店が不良のたまり場になって店が荒れたり、自動販売機ビジネスに絡んで犯罪組織が無用のトラブルを起こしたりするのを避けたかったからです。

これもまたフランチャイズオーナーの商売を気にかけた顧客目線の判断でした。

4　好きなことをやり続けた人――メニューと店舗開発が大好き！

『成功はゴミ箱の中に』は全編「どうだ、俺の話、おもしろいだろう？」というクロックの「話したくてたまらない」モードで書かれています。

フランチャイズビジネスを始めようというとき、あまりに夢中で話すので、彼の元秘書だったマーシャル・リードは「クロックの頭がおかしくなったのかと心配した」と語っています。

クロックがいちばん好きだったのが、メニュー開発と店舗開発でした。本の中でも何度となく話が出てきます。仕事の実際を知らないのでいまひとつついていけないのですが、「だって、スキだからスキなんだよ！」という思いだけはビシビシ伝わってきます。

クロックは「野球をして得るのと変わらない喜びを仕事からも得ていた」と書いています。彼にとっての仕事――事業をデカくすることとそのための経営――は、普通の人がおいしいものを食べたり、デートしたりするのとまったく同じ意味で、生理的な喜びであり、本能的な快感でした。

マクドナルドで当てるまで、クロックは長い下積みを経験しています。経営者になってからも、さまざまな困難に直面し、粘り強い努力でそれを克服しています。しかし、本書の記述はあくまでも明るく、「下積み」「苦労」というトーンがまるでありません。好きな仕事を好きなようにやってきた彼には努力が娯楽になっています。

クロックがマクドナルド兄弟をはじめて訪れたのが1954年、この本を書き終えたのが77年。その後亡くなる84年までクロックは働き続けました。死ぬまで大好きな仕事をやめることができなかったのです。いい加減にしてくれと夫人に懇願されながらも、メニュー開発や不動産開発を喜々として続けていました。

彼の頭の中には「引き際」などという文字はありません。仕事に対する異常なほどの愛情と執着、理屈抜きのスキスキ精神がマクドナルド帝国の基盤にあったのです。

[ケーススタディ]

◆恋愛も肉食系オヤジ

このエネルギーは恋愛にもいかんなく発揮されます。肉食系オヤジ、クロックは生涯で3度の結婚をしています。バンド時代に出会った初めの奥さんのエセルには、仕事ばかりしていたせいで愛想をつかされ、35年つれそった後に離婚しています（エセルはマクドナルドを始めることにも大反対していました）。

この離婚が避けられないものとなっていたころ、クロックはジョニという女性に出会います。人妻です。

「初対面で彼女の美しさにノックアウトされた」と言いますが、このときクロックはもう50代後半なのです。しかも「彼女も私も既婚者だったので、目が合った瞬間のときめきを打ち消さなければならなかった。だが、それは私にはできなかった」と恥ずかしげもなく回想しています。

人妻にほれた話など、自伝には書かないのが普通でしょう。

クロックはエセルと離婚し、「ふたりが夫婦になること以上に正しいことなどこの世にあるものか」とすっかり舞い上がって、ジョニが離婚するのを待ちます。

ところが、そうこうするうちに、ジェーン・ドビンス・グリーンなる女性があらわれ、またもや速攻で恋に落ちて、出会って2週間後に結婚してしまいます。

そのときの言い草が「彼女はとてもかれんで……ジョニと正反対のタイプだった」。あっさり書いていますが、この厚かましさは尋常ではありません。

しかもそこまでして結婚したのにジョニにたまたま5年ぶりに再会して、恋心に再び火がついてジェーンを離婚し、ジョニと一緒になるのです。

このときクロックは67歳。10年越しの本命ゲット。「ついに彼女を手に入れた！」と大はしゃぎです。勝手きわまりない話なのですが、本人はまったく反省していません。

「自分の心に正直に行動することのどこが悪いのか」と開き直ります。返す言葉がありません。

◆52歳だからこそ成功した

本書の巻末に収録されている対談で、ソフトバンクの孫正義さんが「レイ・クロックは52歳という年齢から大きな仕事を始めている。日本で50歳を過ぎた人が道端のレストランを見ても、なかなか起業には踏み出さない」とコメントしています。

こんなに年をとってから起業するというのは確かにすごいバイタリティーです。

しかし「52歳なのに…」ではなく、「52歳だからこそ」の成功だったのではないかというのが僕の見解です。酸いも甘いも経験しつくすようなキャリアがあったからこその偉業なのではないでしょうか。

50代でマクドナルドに出合うまで、クロックはセールスマンを生業とし、たまにバンドマンをやったりしていました。大成功までの長過ぎる回り道です。しかし、そのころから彼は仕事をひたすら楽しんでいました。

母親からおそわったピアノの腕は相当なもので、営業の仕事に嫌気がさすと、当時流行っていたチャールストンのバンドに入って、縦じまジャケットにカンカン帽という格好で演奏したりもしました。ちなみに彼の最初の妻エセルは、このときの常連客です。

マイアミのナイトクラブでピアノを弾いて暮らしをたてていたこともあります。ごく短期間の仕事でしたが、このクラブがどうやって密輸酒を売っていたか、どうやってより多くのチップを獲得したかなど、クロックは具体的な詳細を覚えていて、まるで昨日あった出来事のように書いています。

◆日本にも「還暦」起業家

52歳になるまで地べたをはい回るような営業を続けます。そのなかでクロックはありとあらゆる商売にとって大切なものを、半ば無意識のうちに蓄積し、発酵させていたに違いありません。

マクドナルドの兄弟の店に出合ったのは、それまでの蓄積の起爆剤にすぎないのです。50代になるまで火薬をたっぷり仕込んでいました。

そこに火がついたからこそ、これだけの大爆発になったのではないかというのが僕の感想です。

創業後に経験して、学習したこともちろんあるでしょう。しかし、商売のスタイル、例えば仕組みづくりとか、顧客志向とか、早めの実行・早めの失敗といった部分は、30年以上にもなる営業マン生活の経験によって錬成されたものなのです。

起業は若い人だけのものではありません。日本でも、濃い経験を積んだベテランが新しい事業に乗り出すという例がもっとあってもいいでしょう。

クロックとは性格もスタイルも全然違いますが、例えばライフネット生命保険会長兼最高経営責任者（ＣＥＯ）の出口治明さん。還暦を過ぎて保険会社を起業し、「１００年後に世界一」を目指して飛び回っています。

◆働くことを楽しむ、男子の本懐

クロックは功なり名を遂げた後、１９７０年代になって、古巣のシカゴに戻り、ダウンタウン・シカゴで店舗開発を始めます。これがもううれしくてたまりません。シカゴは自分が知り尽くしている土地です。

店舗候補地までの輸送路、歩行者数、不動産の所有者、所有期間……。そういったものがすべて頭に入っていました。35年間も同じ町でペーパーカップとマルチミキサーを売り歩いていたのです。

「もしあなたが不動産屋で、客に良いサービスを行う気があるなら、地下のレイアウトや脇道のアクセスまで調べ上げるのが普通だろう」とクロックは言います。

それは彼がいつも実践してきたことでした。セールスマン時代に積み重ねた知識の結集を、巨大企業となったマクドナルドの店舗開発で駆使し、成果へと還元する。クロックにとってはさぞかし「男子の本懐」だったことでしょう。

クロックは本書の最終章でこう結んでいます。

「自分の仕事にこのような姿勢で向かえるのなら、人生に打ちのめされることはない。これは取締役会長から、皿洗い長にいたるまで、すべてのビジネスマンに言えることだ。『働くこと、働かされること』を楽しめなければならない。……幸福とは約束できるものではない。それはどれだけ頑張れたか、その努力によって得られる、その人次第のものなのだ」

腹から出ている言葉です。

6

『フラット化する世界』

トーマス・フリードマン著

――スーパーグローバル・スーパーローカルな経営モデル

赤羽陽一郎（アクセンチュア）

フラット化する世界――経済の大転換と人間の未来［普及版］／
The World Is Flat [Further Updated and Expanded; Release 3.0]:
A Brief History of the Twenty-first Century　2007年
トーマス・L・フリードマン（Thomas L. Friedman）著
邦訳：日本経済新聞出版社、（上）（中）（下）2010年／伏見威蕃訳

1　経営モデルの転換を促す

本章ではトーマス・フリードマン『フラット化する世界』（２００６年）を解説します。本書を取り上げる理由は２つ。１つは現代のビジネス環境の激変（フリードマンはこの変化を「フラット化」と呼びます）について明快に解説した本だから。もう1つはその激変にすでに対応しつつある世界の企業の先進事例集として学べる点が多いからです。

ビジネスパーソンは自分が関わる個別専門領域（例：マーケティング、ＳＣＭ、製造、調達）について知識を深めるだけでなく、企業が適応すべきビジネス環境の変化について知っておくことが重要です。大局的な時代認識や歴史観を伴わない専門知識はあまり役に立ちません。

フリードマンは『フラット化する世界』の中で「(世界のフラット化は）後世に人類史上最も重要な転換点とみなされるものと私は確信している」と述べ、現代がいかに大きな転換点であるかを指摘しています。

フリードマンの言う「フラット化」とは、新しい通信テクノロジーとソフトウェアによって、地球上のあらゆる場所にいる人との共同作業が可能になる猛烈な変化を指します。日米欧の先進国はもちろん、インド、中国、旧東欧圏を含む数十億人が参加する大競争時代の到来でもあります。

最近は多くの経営者・経営幹部が一様に「今、最大の経営課題はグローバル化への対応だ」と語ります。一言にグローバル化対応と言っても、具体的な課題認識は多種多様ですが、とにかく日本企業もいよいよ待ったなしで「世界のフラット化」への対応が必要になったということです。

本書には、すでにそういった変化に対して、経営モデル改革を進める企業の例が豊富に収録されています。フリードマンは「企業は経営モデルを根底から変えない限り生き残れない」とし、グローバルアウトソーシングやサプライチェーンマネジメントなどを使った経営モデル改革の実例を挙げています。大変化の時代である現在において企業が行うべきなのは、個別機能のカイゼンではなく、環境激変に合わせた経営モデルの転換だということです。

＊本章の初出は２０１１年12月から12年１月にかけて日本経済新聞キャリアアップ面及び日経Ｂｉｚアカデミーに掲載されました。

［ケーススタディ］

◆グローバルアウトソーシングでありがちな「3つの勘違い」

『フラット化する世界』の中でフリードマンは、企業の経営モデル転換の重要な例として、グローバルアウトソーシングを大きく取り上げています。グローバルアウトソーシングとは、研究部門や会計などの業務分野において、社内の一連のワークフローの一部を抜き出して海外に出して企業の全体業務に組み込む、海外との同時・共同作業を特徴とします。

『フラット化する世界』が出版された2006年当時、海外へのアウトソーシングは、ほとんどの日本企業にとってまだ現実味の薄いものでした。日本企業はそれ以前から海外に進出していましたが、海外と日本の業務は切り離されており、グローバルレベルの共同作業であるグローバルアウトソーシングには、まだほとんどの企業が踏み込んでいませんでした。

しかし、2011年の現在、日本企業のグローバルアウトソーシングは急速に増えており、若いビジネスパーソンがそのプロジェクトに携わる機会も多いはずです。ここでは、東南アジアでのプロジェクトに配属されたAさんのために、『フラット化する世界』の中でフリードマンが指摘している「グローバルアウトソーシングでありがちな3つの勘違い」についてお話ししましょう。

◆勘違いその１　コスト削減だけを目的にする

労働コストが低いアジアへのグローバルアウトソーシングが検討されるときにありがちなのが、コスト削減額を「唯一の目的」と考えてしまうことです。もちろん、コスト削減はとても重要ですし、アウトソーシングによって結果的にコストは下がります。しかし、フリードマンは「アウトソーシングの目的がコストだけになる傾向」を批判し、以下のように述べています。

「優良企業は、縮小するためではなく、勝つためにアウトソーシングする。それは速やかに早くイノベーションを行うためのアウトソーシングであり、大勢を解雇して金を節約するのが目的ではない。それによって成長し、シェアを伸ばし、いろいろな分野の専門家を多く雇う」

つまり自社でやらなくてもよい（コモディティ化した）業務を低労働コスト国に出すことで浮いたおカネは、競争力のある分野での新規雇用や投資に振り向けてこそ、アウトソーシングの意味がある、と言っているのです。アウトソーシングによって浮いたお金をどの戦略分野に振り向けるかを明確にしておくことが重要、ということです。

アウトソーシングのもう１つの重要な目的は、業務品質・生産性の向上です。中国・インドをはじめとするアジアの労働力は、若く、向上心があり、勤勉です。したがって、アウトソーシングによって業務品質や生産性が向上することも多い。フリードマンは「コスト削減はあくまで結果であり、目的ではありません」とAさんに教えているのです。

◆勘違いその2　既存業務をそのまま外出しする

『フラット化する世界』において、フリードマンは、社内外で共同して同一の業務を標準化し、共同して進められるようになったことをフラット化の大きな要因として述べています。業務アウトソーシング自体は、社内外業務の標準化・共同化が可能になったからこそ大きくなったわけです。この「社内外での業務の標準化・共同化」は現在の経営モデル改革において非常に重要なコンセプトですが、残念ながら、多くの日本企業は「外部との業務標準化・共同化」を苦手としています。

日本企業が得意とするのは、個別業務を各部門・各個人が掘り下げて個別化することです。これは、日本人的職人魂の良い点でもあるのですが、今日の競争環境では、〝社内ですら事業部が違えば業務のやり方が全然違うのが当たり前〟という日本企業の特徴は、企業のグローバル展開力を削ぎ、競争力を下げかねません。しかも、製造のように個別性が強い業務ならともかく、事業部をまたがって比較的共通性の高い業務、例えば会計業務やロジスティックス業務でもそれぞれの事業部の「お家流」や、各担当者の属人化が多く見られます。

グローバルアウトソーシングは、こういった「業務の個別バラバラ状態」「極端な属人化」を解消する絶好の機会になります。実務上の順番としては、まずアウトソーシングした上で標準化する（「シップ&フィックス」と言います）のが現実的です。最終的な業務標準化や重複業務の排除なしに、既存業務だけを低労働コスト国にアウトソーシングしたところで、得られる効果は、最初に出る労働コストの差額分だけになってしまいます。

Aさんが業務の標準化を主張すると上司や同僚が「標準化は企業の競争力を弱める」と反対するかもしれません。しかしフリードマンはこう言っています。「スタンダードは決してイノベーションを止めない。本来は余分のものをかなり取り除くことができ、本当に重要な物事に集中できるようになる」

◆勘違いその3　リスクを恐れて熟考する

先日、アジアアウトソーシングに関して、ある大手企業の幹部と議論させていただいた際に、その幹部は「アジアのアウトソーシングに関しては、カントリーリスクをすべて洗い出したうえで熟考しないといけない」とおっしゃっていました。

　確かに、中国をはじめ、アジアの国には地政学的リスクがあります。しかし、将来起こるリスクをすべて洗い出そうとすれば膨大な手間と時間がかかり、世界のフラット化の流れに乗り遅れてしまいます。現在のように大きな変化の時代には、「リスクをすべて洗い出してから判断する」行動は、不作為の罪を犯しているのと同義と言えないでしょうか。

　地政学的リスクはグローバルアウトソーシング上の大きな論点ですから、フリードマンは『フラット化する世界』の16章を丸々割いて説明しています。例えば、2002年のインドとパキスタンの対立において、インドが欧米企業のアウトソーシングを担っているという事実が、戦争の回避にいかに役立ったかについてフリードマンは詳細に解説しています。つまり、「グローバルアウトソーシングをどんどん進め、その国を世界のアウトソーシングネットワークに組み込むことが、地政学リスク回避の最良の方法になる」ということです。リスクを恐れてチャンスを逃すくらいであれば、グローバルアウトソーシングに踏み込むことが、かえって最良のリスク回避策になる、というのがフリードマンの結論です。

　グローバルアウトソーシングに取り組むAさんに対するフリードマンのアドバイスを要約すれば「『コスト削減』だけを目的とせず、『業務の標準化』を進め、『カントリーリスクを恐れすぎない』ようにしなさい」ということになりますね。

2　グローバルSCM——競争力の源泉

フリードマンは、世界がフラット化する要因の1つとしてグローバルなサプライチェーンマネジメント（SCM）の圧倒的な発達を挙げています。SCMは1990年代には知られていた経営管理手法ですが、2000年代からのグローバル化に伴って長足の進歩を遂げ、企業の競争力を左右するまでになりました。フリードマンが説明する現代のグローバルSCMは、過去のSCMと違う3つの特徴を備えています。

グローバルSCMの第1の特徴は「最前線の粒の揃った新鮮なデータをもとにしている」ことです。ビジネスが世界に広がるにつれ、データ収集はどんどん難しく、遅くなっています。例えば本社が新商品の売り上げを把握するにも、現地代理店↓現地販社↓地域統括会社↓本社という4階層の〝情報バケツリレー〟が必要です。

しかし、中間階層が入れば入るほどデータの鮮度と正確性は落ち、それを使った経営判断の質も劣化します。そこで重要になるのが、「バケツリレーを止め、最前線の粒の揃った新鮮なデータに基づくサプライチェーンを作る」ことです。

第2の特徴は「意識的に複雑さを減らしている」ことです。グローバル化によって工場も販売現場も世界に広がり、ビジネスの複雑性は飛躍的に増えました。そこで、まずは意識的に複雑性を減らし、シンプル化しないとガバナンスが利きません。この「意識的な複雑性減らし」は「Complexity Management」と呼ばれ、現在のグローバル経営改革の重要コンセプトになっています。

フリードマンは本書の中で、米IT（情報技術）大手ヒューレット・パッカード（HP）が、87のサプライチェーンを5年で5つに減らした改革例を挙げています。

第3の特徴は「他社との共同作業を積極的に活用している」ことです。多くの企業のSCMは企業内に閉じていたり、販売部門と製造部門の単なる在庫調整機能になっていたりするのが実態です。『フラット化する世界』では、他社との共同作業を自社のSCMに取り入れることによって経営改革を進める例が述べられています。

［ケーススタディ］

◆グローバル・サプライチェーンを改革する

ここでは「グローバル・サプライチェーン改革」のプロジェクトに抜擢されたY社の若手、Bさんのケースを考えてみましょう。

いまグローバル・サプライチェーンの構築は日本中で急速に増えていて、一種ブームの様相を呈しています。日本企業は70年代（あるいはそれ以前）から海外での生産や販売を進めていたわけですが、現在は各拠点のサイロ化・個別化が大きな悩みとなっています。

Y社も生産や販売の国際化はとっくに済ませていましたが、経営は拠点（ローカル）ごとにバラバラで、グローバル化されていない状態です。先進的なグローバルなサプライチェーンマネジメント（SCM）を築くために、Bさんはどんな点に気を付けてプロジェクトを進めるべきでしょうか。

第1のステップは、「現代の経営におけるSCMの重要性を認識し、プロジェクトメンバーにも共有すること」です。フリードマンは『フラット化する世界』の中でこう言っています。

「サプライチェーンがフラットな世界で大きな競争力と利益の源泉になっている。

（中略）

現代のテクノロジーをもってすれば、知的財産を秘密にしておくことは難しい。どんな製品でも分解して模倣し、何日かで類似品を作れる。だが世界中に類似品を届ける――仕入れ先、卸売業者、港湾業者、税関、発送業者、運送業者といった関係業種の連鎖を綿密に秩序正しく動かす――プロセスは容易ではないし、ましてや真似するのは極めて難しい。」

現在のサプライチェーンは、単に商品・部品を上手に運ぶノウハウではなく、企業の差異化要因そのものになっています。フリードマンは米小売り大手ウォルマートのサプライチェーンなどをその具体例として紹介しています。

◆SCM改革は経営改革である

プロジェクトを進めるにあたりBさんはまず、「SCM改革は経営改革そのものである」という認識を周囲に広げることが重要です。この認識は多くの会社で意外なほど浸透していません。いまだに「SCMはロジスティックス部門と製造部門のものだ」と信じているビジネスパーソンが多く、そのままでは、せっかくのSCM改革も、部門内部のカイゼンに終わってしまうのです。

表 6-1　サプライチェーンの新旧比較

	古いサプライチェーン	新しいサプライチェーン
①	現場は本社の何階層も先で、情報のバケツリレーが蔓延している	本社が現場の新鮮な情報を瞬時に集められるIT（情報技術）の仕組みがある
②	複雑な構造には手をつけず、とにかくできるところからカイゼンに取り組む	商品数を減らす、階層を減らすなど。まず構造をシンプルにする
③	自社内・自部門内だけの活動にとどまる	他社・他部門との共同作業を意識的に組み入れている。特に他社との標準化を進める

第2のステップでBさんが心がけるべきは「個別機能のカイゼンを企画するのではなく、サプライチェーンモデル全体のトランスフォーメーションを企画する」ということです。「できることからやるのではなく、やるべきことをやる」と言い換えてもよいでしょう。

フリードマンは『フラット化する世界』で、最先端企業のグローバル・サプライチェーンが備えている3つの特徴を指摘しています。古いサプライチェーンと最先端のサプライチェーンを比べるため対照表を作ってみましょう（表6-1）。

さあ、みなさんの会社のサプライチェーンは新・旧どちらに属するでしょう？

◆データ翻訳は大企業の隠れコスト

表6-1で①の先端例として有名なのがコマツです。

コマツは有名なKOMTRAXで世界中の重機の稼働情報を新鮮なうちに本社がダイレクトに集め、マーケティングや生産配置の決定に活用しています。

対照的な例は、あるメーカーです。このメーカーでは本社が営業現場の売上と在庫の情報を集めるのに2~3週間もの時間がかかっていました。なぜかというと、1つは情報バケツリレーが介在するからです。また販社と本社で、「売上」や「在庫」という言葉の定義すら統一されておらず、「データの翻訳」にも時間がかかっていました。多階層の中で何度も繰り返されるデータの翻訳は大企業の大きな隠れコストであり、意思決定を遅くする元凶です。

表6-1の②で優れているのが米アップルです。同社は製品力が優れているだけでなく、SCMにおいても先進企業。製品ラインナップは非常にシンプルで、数が少ない。製品ラインナップを絞り込んでいるのは、サプライチェーン上の理由もあると私は見ています。

対照的に日本の電機業界には「お客様の声にこたえよう」とするあまり、製品の細かいバリエーションが爆発的に増えてしまい、グローバルSCM運営に苦慮されている企業は数多くあります。これなども、今ある製品数をうまく扱うことを考える前に、製品数を減らすことを考えるべきでしょう。

表6-1の③についてフリードマンは『フラット化する世界』で「成功を決めるのは、他

社との共同作業が出来るかどうかだ」と述べています。企業の壁をまたいだ他社との共同作業をSCMに組み込む必要があるのです。ところが、いわゆる「サプライチェーン改革」においても、他社との標準化や共同作業どころか、社内での営業と販売の部門間の壁が越えられず、それぞれで別個のサプライチェーンを築き、せめて可視化だけは進めましょう、となっているケースが多く見られます。

それでも可視化が進むだけ、やらないよりは良いと言えますが、他社との共同作業を取り入れたグローバル先進企業のサプライチェーンに比べると、一世代古いサプライチェーンのままになっていると言わざるを得ません。フリードマンもフラット化する世界の中での成功を決めるのは、他社との「共同作業が出来るかどうかだ」と述べています。求められるのは「子会社に物流機能を丸投げする」ような垂直型の共同作業ではありません。フリードマンが言うのは水平型の共同作業です。他社との共同作業を設計する中で、属人化されている部分や、自社内ですら業務がバラバラになっている部分が明らかになるのです。

3　グローバルとローカル――融合し両立

グローバリゼーションにより世界がフラット化しても、各国（ローカル）が固有の良さや文化を失い、均一に同じことをする退屈な世界になってしまうわけではありません。むしろ正反対です。フラット化した世界は、グローバルとローカルの良いところを融合させた多極化世界（マルチポーラーワールド）なのです。

フリードマンは『フラット化する世界』の中で「フラットな世界では移民しなくてもイノベーション競争に参加できる」と述べ、フラット化とはグローバルとローカルの融合した世界であることを説明しています。さらにフリードマンは、フラット化する世界では、世界に対してオープンになろうとする外向きの傾向と、固有の文化や国家を大切にしようとする内向きの傾向とのバランスこそが重要であるとしています。

「グローバルとローカルの融合」は、先進的なグローバル企業の経営モデルにおいても、「スーパーグローバル、スーパーローカルな経営モデル」というコンセプトで知られています。単に世界中で同じことをするだけでビジネスが上手くいくはずはありません。例えば、営業について考えてみましょう。日本での商談の進め方と米国での商談の進め方は違います。それを「世界中で同じ商談の進め方にせよ」と決めるのは現実的ではありません。商談の進め方は、各ローカルのやり方を尊重した「スーパーローカル」が良いのです。

一方、セールスパーソンの稼働率や売り上げ計上ルールなどは世界中で統一し、一元管理した方が効率的です。営業管理は「スーパーグローバル」が適していると言えるでしょう。

製品も同じです。例えば携帯電話。世界中で同じ製品は売れません。消費者が直接触れる機能や外見は文化や可処分所得に合わせた多様化（スーパーローカル）をしつつ、中身の製品プラットフォームや部品調達はできる限り統一し、効率性を追求する（スーパーグローバル）という「両立力」「バランスを取る力」こそがグローバル企業の実力と言えます。

［ケーススタディ］

◆スーパーグローバル・スーパーローカルな経営モデルとは

ここでは電機大手のY社で働くAさんが、アジア地域統括会社の設立プロジェクトを任された場合を考えてみましょう。

Y社はアジア各国の販売会社・工場を独立採算型の「サイロ型モデル」から、アジア統括会社の傘下に各国販社や工場を位置づける「アジア地域統括モデル」への移行を進めようとしています。

しかし、「アジア地域統括モデル」への移行は簡単ではありません。というのは、Y社は20年も前からアジアを世界の生産拠点として活用してきた背景があり、アジアの各拠点が製造・販売とも十分な実績と伝統を持っているからです。このためアジア地域統括会社をつくっても役割が曖昧になりやすく、「統括の仕事はホチキス止めだけだ（＝各国から上がってくる報告書をホチキスで留めて本社に報告しているだけだから）」という状況になりかねません。またある国では「あの国のことなら、あの人に聞けば全部わかる」という「伝説の地域統括役員」がいて、販売から製造までを卓越した個人力によって押さえきっています。

こんなY社に、フリードマンの『フラット化する世界』に登場する「スーパーローカル・スーパーグローバルな経営モデル」を導入するのがAさんの仕事です。Aさんのプロジェクトの進め方について考えてみましょう。

まず、1つのモデルとして、欧・米・アジアのグローバル先進企業が「統括とローカル」をどう分けて「スーパーローカル・スーパーグローバル」な経営モデルを作っているかを知っておきましょう。グローバル先進企業がローカル会社に残す機能は、営業、ローカルマーケティング、国別法務対応、国別財務対応の4つです。

◆一足飛びな「スーパーグローバル」実現は困難

一方「スーパーグローバル」を追求する地域統括会社は、地域全体の経営管理、投資決定、SCM統括、ロジスティックス統括、地域シェアドサービスセンター統括、などの機能を担います。さらに、地域統括会社に機能を集約する際には、単なる「機能・権限の再整理」にとどまらず、販社や工場の「自主独立管理」も無くすケースが多く見られます。国別販社は独自PLを持った「販社」から地域統括会社の下でセールス機能を果たす「セールスエージェント」に再編され、工場は独自の工場PLを持たず、統括会社とのSLA（サービスレベルアグリーメント）を結んだ「フィーベースの製造拠点（トールマニュファクチャラーと言います）」に再編されるのが大きな特徴です。

しかし、Y社のような日本企業においては、一足飛びに右記のような経営モデルを目指すのは非常に難しいのが現実です。世界の生産拠点になっているアジアの工場を単なるトールマニュファクチャラーに再編するのは難しいですし、日本自体がアジアの国であるため日本市場の扱いをどうするか議論が収束しなかったりするからです。そういった現実を踏まえ、

「アジア統括会社強化プロジェクト」にアサインされたAさんは、何から手を付けることが「スーパーグローバル・スーパーローカル」な経営モデルに近づくことになるでしょうか？

まず、前述したグローバル（この場合はアジアリージョナル）シェアドサービスセンターの設立や、アジア全域を対象としたサプライチェーン改革も有効な第一歩です。この2つは、「インフラからのボトムアップでスーパーグローバル・スーパーローカルを実現する」手法と言うことができるでしょう。

◆地域統括会社における3つの改革

より直接的に、いわばトップダウン型で経営モデルを変えるには地域統括会社における3つの改革が必要です。すなわち、①「真の実売（例えばエンドユーザーへの販売）に基づいて地域全体の収支を管理できる仕組みを作る」②「地域全体の投資決定をする権限を持つ」③「報告プロセスとITの仕組みを180度変える」――の3点です。

まず①についてですが、これまでの「サイロ型経営モデル」においては、工場PL（または事業部PL）と販社PLが分かれていたために、工場は工場の収益を最大に、販社は販社の収益を最大にするのが合理的な行動でした。その結果、工場や事業部は年次や四半期の経営計画に従って最終製品を量産すると、それを販社に販売（いわゆる内売り）して事足れりとし、販社は販社で、工場から購入した製品を代理店に販売する（いわゆる外売り）がミッションで、企業の中でエンドユーザーへの販売（いわゆるセルスルー）を本当に見ている人はまずいない、という状態になるのが当然の帰結でした。その結果、気づかないうちに流通在庫が積みあがり、販促金が常態化して企業全体の業績にダメージを与えたり、製品の真の販売力が開発にフィードバックされず、本当は売れない製品が作られ続けたりする事態が起きていました。

この反省を踏まえ、アジア地域統括会社は、まず、セルスルーを把握できるようになるべきです。そして、個別の拠点ＰＬではなく、アジア全体での収益管理、すなわち、アジア全体ではどこにどれだけの在庫があり、どの地域ではどの価格で本当に売れているのかを把握できる仕組みを作りあげるべきでしょう。

次に②について、これまでの「サイロ型経営モデル」においては、投資原資は各販社や事業部が持っていたため、「アジア全体の視点に基づき、5年後を考えた投資」はやりにくかったのが実態です。しかし、アジア統括会社がアジア全域の投資決定権限を持てば、それができるようになり、日本企業の5年後の競争力を確実に増すことができるでしょう。これもまさに「スーパーグローバルな経営モデル」ならではのメリットです。グローバル先進企業が「スーパーグローバルな経営モデル」を築いてきたのは、1つにはこの「国をまたがった大胆な投資レバレッジ」を可能にするためと言っても過言ではありません。企業によって、日本を含めて考えるのか、スピード感を考えてあえて日本を外すのか、など個別論点はさまざまです。いずれにせよ、ここでのポイントは、アジア全体の視点で5年後を考えた投資を行うということにあります。

③については、アジア地域統括会社は、例えば「毎月の売り上げ報告」といった「各拠点からの事後報告」を基本的には廃止するべきです。というのは、例えば10月になってから9月の結果を報告させたところで、本質的にはいまさらどうしようもない過去の話をしていることになるので、各拠点のトップは「できなかった言い訳」か「できた自慢」をするしかなく、手間だけかかって意味が無いからです。しかも、情報ソースが統一されていない「サイロ型経営モデル」の場合には、統一された報告書を作るためだけに、人件費の高い日本人が各国に配属されているという無駄すら発生します。

「スーパーグローバルを目指すアジア統括」を作るのであれば、このプロセスを180度変え、「結果指標ではなくプロセス指標を、アジア統括が自ら取れる仕組みを作る」ことが重要になります。「プロセス指標」とは、営業でいえば商談パイプライン金額や商談数、セールスパーソンの訪問拠点数など、「売り上げが出る前に、先行的に見るべき指標」です。

この指標は企業によって、事業によって異なっているため、それぞれの性質に即した指標の定義が必要です。そして、事業に関わる誰もが納得するプロセス指標を定義した後は、それを地域横並びで一目瞭然に見られるＩＴを導入することで、さらに効率性を上げることが可能です。重要なことは、各拠点バラバラのまま・事後管理のためのＩＴではなく、アジアで共通化された・プロセス指標のためのＩＴを導入することです。

4　調達のグローバル化――新興国の人材配置が重要に

フリードマンは『フラット化する世界』の中で、自分が使っている米デル社のパソコンが世界中の企業の共同作業によって集まった部品からできている例を「サプライチェーンによる驚異のシンフォニー」と呼んでいます。デルの例が興味深いのは、単に「部品調達先が世界中に広がった」だけではなく、バリューチェーンの上流である調達を世界中のサプライヤーとの共同作業にしている点です。

フラット化した世界では、研究開発→調達→生産→物流→販売という企業のバリューチェーンの各プロセスがグローバル化し、先進国と新興国との共同作業になっていきます。

グローバル化は、バリューチェーンを下流から上流にさかのぼるように進行し、最終的には最上流の調達や研究開発に至ります。

日本メーカーのグローバル化もバリューチェーンをさかのぼって変化してきました。10年前の新興国は、バリューチェーンの中・下流の販売・生産の拠点とみなされていました。しかし現在では、よりバリューチェーン上流の調達のグローバル化（特に新興国シフト）が進んでいます。

日本メーカーが調達を新興国にシフトする際のポイントは「新興国に若手のエース級人材を配置すること」です。「調達業務」にはサプライヤーの調査・開拓、ソーシング戦略の立案といった「戦略的ソーシング業務」と、発注、検収といった「日々のトランザクション管理」の2つの業務があります。どちらも重要業務ですが、多くの日本企業では若手のエース級調達人材が工数の8割を「日々のトランザクション管理」に費やしています。

新興国での調達を増やす場合は、こうした状況を考慮した改革が必要です。「日々のトランザクション管理」は省力化と自動化を進め、調達部隊を日々の定型業務から解放し、エース級人材を今は購買量が少ない新興国にあえて配置するのです。フラット化した世界で日本企業が競争力を高めるには、新興国にサプライヤーを探しに行くだけでなく、国内の業務も見直して適材を適所にシフトさせることが重要なのです。

［ケーススタディ］

◆グローバル調達プロジェクトの3つのポイント

世界がフラット化するにつれ、グローバル調達の必要性が増しています。今回は、大手精密機器メーカーのX社でグローバル調達のプロジェクトを任されたCさんが考えるべき3つのポイントについて解説します。

ポイント①――新たなサプライヤーを探す

Cさんの最初の仕事は新興国で新たなサプライヤーを探すことです。国内の調達部門でエース級のCさんは、国内サプライヤーに対する定常業務から離れ、新興国に常駐しなくてはなりません。そうしないと定常的なグローバル調達の仕組みを作り上げることにはならないからです。

X社は発注処理や納入フォローといったトランザクション業務削減の第一歩として、戦略的ソーシング業務と定常オペレーション業務を分けて、調達部門の業務工数調査をする必要があります。アクセンチュアの調査によると、グローバルハイパフォーマンス企業の調達部門は、マネジメント11％、戦略的ソーシング業務46％、トランザクション管理業務43％と、半分近くの業務時間を戦略的ソーシング業務に割くことができていますが、一般企業の調達部門は、マネジメント13％、戦略的ソーシング業務20％、トランザクション管理業務67％と、戦略的ソーシング業務に割ける時間の比率で2倍以上の差がついています。X社はまず、自社における業務実態を明らかにしなくてはなりません。

トランザクション管理業務を減らすためには、定常業務のアウトソーシングが有効です。前述の調査によるとグローバルハイパフォーマンス企業は、トランザクション業務の27％を外部業者にアウトソースしているのに対し、一般企業のアウトソース比率は8％に過ぎません。その差3倍です。この差が、戦略的ソーシング業務比率2倍となっているのです。外部業者の活用を進める過程で、トランザクション業務の標準化や効率化も進みます。

ポイント②――先進国と新興国をどう位置付けるか

Cさんのようなエース級の人材を新興国に配置するためには、現在の調達額に基づく人材配置を考え直さなくてはなりません。そのためには、調達における先進国と新興国の位置付けを整理し直す必要があります。

多くの企業においては、

・先進国＝現在の調達額大↓エース投入
・新興国＝現在の調達額小↓若手やパートナー企業で対応
となりがちです。しかし、日本のサプライヤーと技術・設計部隊は優秀で、すでに相互連携が進んでいる一方で、新興国こそ、今後のサプライヤー開拓が必要です。したがって、本当は、
・先進国＝調達額大、ただし成熟・衰退期↓調達業務の方向性は効率化・省力化↓外部化
・新興国＝調達額小、ただし黎明・成長期↓調達業務の方向性は新規開拓↓エース投入
と考えるべきではないでしょうか。

ポイント③――標準化を実現する

調達に関するトランザクション管理業務が多いもう1つの理由は、事業部ごと、国ごとの、個別特殊業務が多く、その対応にベテランが必要だからです。それに対して「標準化が必要」ということはよく言われますが、一言で標準化といっても、業務の標準化（例：調達業務の標準化、マザー工場制）だけでなく、部材・素材の標準化（例：素材集中購買、モジュール化）、製品の標準化（例：プラットフォーム戦略）、情報の標準化（例：購買情報一元管理、グローバルBOM統一）など、切り口は様々です。では、X社はどの標準化から着手すべきでしょう？

答えは、「どこから着手しても良い」です。例えば、日本の自動車メーカーや電機メーカーが導入しているマザー工場制は製造プロセス標準化の手法と言えます。製品標準化の例は、グローバル携帯電話メーカーのノキアです。製品プラットフォームの標準化によって、「中身はシンプル、外側は市場に合わせた多様化」を実現しています。（出典：西村裕二『アクセンチュア流　逆転のグローバル戦略』）

また、コマツは情報と業務の標準化（建設機械の情報の遠隔操作を可能とするＫＯＭＴＲＡＸの導入やＥＲＰに業務を合わせる間接業務改革）から全社改革を進めました（出典：坂根正弘コマツ会長〈当時〉『限りないダントツ経営への挑戦』）。これらの例から得られる教訓は、標準化できるのはどこかを考えて時間を浪費するよりも、できるところから着手し、それを他の領域にも広げることが成功への道と言えるということでしょう。

7

『コトラーのマーケティング3・0』
フィリップ・コトラー、
ヘルマワン・カルタジャヤ、
イワン・セティアワン著

――消費者独裁の時代を読み解く

関一則（アクセンチュア）

コトラーのマーケティング3.0――ソーシャル・メディア時代の新法則／Marketing 3.0：From Products to Customers to the Human Spirit　2010年
フィリップ・コトラー（Philip Kotler）、ヘルマワン・カルタジャヤ（Hermawan Kartajaya）、イワン・セティアワン（Iwan Setiawan）著
邦訳：朝日新聞出版、2010年／恩藏直人監訳・藤井清美訳

1　消費者独裁の時代――迎合や操作では心をつかめず

本章では米経営学者のフィリップ・コトラーらが2010年に著した『コトラーのマーケティング3・0』について解説します。マーケティング3・0はソーシャルメディアの普及を捉えて提唱された新たなマーケティングの概念です。ソーシャルメディアにより、消費者の発言力が飛躍的に高まり、企業と消費者とのコミュニケーションの在り方が大きく変わりつつあります。

今、マーケティング3・0が改めて注目されるのは、それが新たな時代に求められるマーケティング原論ともいえるからです。コトラーは「マーケティングは、1・0、2・0、3・0と呼ぶ三段階の進化を遂げてきた」と述べています。

1・0は、プロダクトアウト指向のマーケティングで、製品をマス市場に売り込むことや、自社製品の機能がいかに優れているかを訴求することが重視されました。2・0は顧客志向のマーケティングであり、顧客を満足させることを第一義とします。

マーケティング3・0は、ソーシャルメディアのみならず、グローバル化や、深刻な地球環境問題などが同時に進行する時代に求められる価値主導のマーケティング概念です。そこでは、消費者の心からの共感を得られるような価値の追求が重要となります。

激しい環境変化のなか、個人の価値観も大きく変わり始めており、この点についてコトラーは「消費者は今では自分たちのニーズを満たす製品やサービスだけではなく、自分たちの精神を感動させる体験やビジネスモデルを求めている」と述べています。逆にいうと、共感を得られない商品やサービスは淘汰されることになるでしょう。

こうした時代にマーケティングが果たす役割はより広範囲となります。自社のミッションやアイデンティティーを見つめ直し、消費者の共感を得られる商品作りや情報発信、さらには企業運営自体を推進することが求められているのです。

［ケーススタディ］

◆クレームを放置したユナイテッド航空の悲劇

『コトラーのマーケティング３・０』の表紙には、「ソーシャル・メディア時代の新法則」

＊本章の初出は２０１３年11月から12月にかけて日本経済新聞キャリアアップ面及び日経Ｂｉｚアカデミーに掲載されました。

というサブタイトルが記されています。その記述の通り、本書はソーシャルメディアが大きな影響力を持つ時代に求められるマーケティングを解説したものです。

本書が刊行されたのは2010年ですが、それ以降もソーシャルメディアは急速な勢いで普及しています。例えば、10年時点で既に5億人に達していたフェイスブックの会員数は倍増し、11年6月にサービスを開始したLINE（ライン）はフェイスブックやツイッターをはるかにしのぐスピードで会員数2億人に達しました。また、10年時点ではほとんど普及していなかったスマートフォンは、今では主流となっており、消費者がソーシャルメディアなどインターネットと向き合う時間を飛躍的に高めるなど、その影響は膨大です。

こうした時代には、ネットワークを介して消費者が深くつながり、ますます協働していくようになります。消費者の発言力は圧倒的に高まり、これによって企業と消費者とのコミュニケーションのあり方は激変していきます。現代における圧倒的な消費者パワーが、時に想像を超えるスピードと企業に大きな影響をもたらす顕著な事例は既に数多く生まれています。

消費者の変化がマイナス面に作用した事例が、12年に日経BP社から出版された『リアルタイムマーケティング』で紹介されています。ユナイテッド航空を利用したカナダ人ミュージシャンのデイブ・キャロルは3500ドルのギターを手荷物で預けたところ、搬送中に壊れてしまったそうです。その後、損害賠償を要求したのですが、応じてもらえなかったことに憤慨し、恨みをつづった自作の曲をユーチューブに投稿しました。ユナイテッド航空は自社ブランドをさらし者にする動画が話題になっているにもかかわらず、何の反応も示さず知らない間に起きている急激な騒動の広がりから目を背け続けました。この動画は、わずか4日間で1000万回以上の視聴がなされ、その結果ユナイテッド航空の株価は10％も下落し、1億8000万ドルの損害につながったのです。

◆ネットという武器が社会への参加意識を高める

一方で、デイブのギターの製造元であるテイラーギター社が示した反応は真逆のものでした。デイブが曲を投稿した数日後に社長のボブ・テイラー氏自らがユーチューブに登場し、移動の多いミュージシャン向けにギターの梱包法などをアドバイスし、高いマーケティング効果を実現したのです。

ユナイテッド航空の失敗は、損害賠償に応じなかったことではなく、むしろ、ソーシャルメディアから目を背け、ユナイテッド側の論理をタイムリーに主張できないまま放置していたことに問題があると指摘されています。

ソーシャルメディアなどによって増大する消費者の発言力について、コトラーは本書のなかで次のように述べています。

「ソーシャル・メディアが自己表現の要素を強めるにつれて、消費者は自分の意見や経験によって他の消費者に影響を及ぼすことがますます簡単にできるようになる」

これだけ聞くと、次世代マーケティングに求められる最も大きなテーマは、ソーシャルメディアへの適応であるとついつい考えがちですが、『コトラーのマーケティング３・０』においては、それは重要な要素の１つとでしか捉えられていません。このようなテクノロジーの進化に加えて、環境問題や貧困問題など地球規模の社会的課題に対する意識の変化が相まって、人の価値観がより高次なものへと変わりつつあることが重要なポイントなのです。

ソーシャルメディアなどの普及によって、これまで以上に消費者が相互連携し、協働するようになったというのはこれまで述べてきた通りです。しかし、それだけではなく、つながる消費者たちは、相互連携、協働のなかで製品やサービス、企業の本質を見極めるようになりました。過度なブランディングや企業の隠蔽体質などはソーシャルメディアが簡単に見抜き、そうした情報はすぐに拡散されていくのです。

◆ネガティブな評価と向き合う度量

新聞などのメディアで「逆ＳＥＯ」という言葉をよく目にします。逆ＳＥＯとは、見られたくないウェブサイトや、企業にとって都合の悪いウェブサイトの検索順位を下げようとするもので、例えば、自社への非難が掲載されたページや自社製品を低く評価したページの検索結果順位を恣意的に下げるようなこともできます。

こうした取り組みに対して、検索サービスを提供するグーグルは、検索アルゴリズムを変更して情報プラットフォームとして公平性や客観性を維持しようとするなど、逆ＳＥＯ業者とグーグルの〝いたちごっこ〟の構図がよく紙面などで紹介されています。

しかし、これまで述べてきたような消費者の変化を踏まえたマーケティング３・０の概念においては、一方的に企業の都合だけを考えた恣意的なＳＥＯ操作は有効ではない、ということになるでしょう。隠蔽対策とも言い換えることのできるような逆ＳＥＯに固執している実態が明らかになれば、逆に消費者の企業への不信感をあおることになるのです。

逆ＳＥＯは、プライバシー侵害や名誉毀損を受けた時など、有効な手段にもなり得るため、すべて否定することはできません。しかし、ここで重要なのは企業の一方的な都合で消費者からのネガティブな発信を無視するのではなく、消費者の発言にしっかり耳を傾け、反応していくことが大事だということです。逆ＳＥＯ対策が、こうした企業の姿勢を阻害するようであれば、それは逆ＳＥＯにこだわり過ぎ、もしくは頼り過ぎの事態ともいえるでしょう。

◆キーワードは「共感できる消費体験」

より本質を見極めようとする消費者の変化についてコトラーは、人間は低次の欲求が満たされると、高次の欲求を持つようになるとする、心理学者のマズローが示した欲求モデルの最終段階である「自己実現」の増大にも触れながら次のように説明しています。

「消費者は今では自分たちのニーズを満たす製品やサービスだけではなく、自分たちの精神を感動させる体験やビジネスモデルを求めている」。つまり、好ましい社会的・文化的インパクトをもたらす企業を、ますます多くの消費者が支持するようになっており、こうした企業の製品やサービスを購入することで精神的欲求を満たそうとしているのです。

ハイブリッドカーを購入する人々のうち、燃費の良さというエコノミー（経済性）だけでなく、エコロジー（環境性）にこだわっている人は決して少なくないはずです。「燃費がいいから」という経済的合理性ではなく、「環境に優しい車に乗ることで、よりよい社会のために貢献しよう」とする精神的欲求を満たそうとしているのです。また「グリーンショッパー」と呼ばれるエコにこだわった消費者の台頭や、優れたものを生み出すために無償での協力を惜しまないウィキペディアへの膨大な参加者なども、こういった精神的欲求が突き動かす行動の一例でしょう。

このように高次な価値感覚を持つ消費者が、圧倒的な情報収集力と情報発信力を持ち、波及力や拡散力を持つ現代では、まがいものの商品や過剰な宣伝は、仮に短期的な売り上げや利益に寄与できたとしても、企業を窮地に追い込みます。逆に、消費者が満足できる物質的な機能に加えて、共感できるビジョンやアイデンティティーを持ったブランドやメッセージは、そのブランドや企業自体を全力で応援する支持者を通じて、莫大なリターンを企業にもたらしてくれるのです。短期的な利益や収益だけを優先した今までのマーケティングだけではなく、企業やブランドの社会的価値や企業ビジョンを提示する発想がマーケティングに求められるようになってきたということです。

◆慈善事業や社会貢献をアピールする前に

このことについて、コトラーは「世界をよりよい場所にする」ために社会的価値を創造することこそが消費者をひきつける重要な要素になると説いています。消費者がネットワークを通じて対話し、協働する世界では、もはや一方的な企業論理だけを持ち出したマーケティングは通用しません。多くの消費者は企業を社会的パフォーマンスの観点から語り始めており、ソーシャルメディアなどを通じて共感しあっているのです。

こういった話をすると、企業がとるべきアクションとして慈善事業や社会貢献活動が思い浮かびます。しかし、マーケティング3・0は、これまで企業が自社の「イメージ戦略」の一環として行ってきた慈善事業や社会貢献活動以上に、ビジネスそのものに社会的な価値を組み込んでいくことが大切だということなのです。この点についてコトラーは「社会貢献を企業文化の一部とし、コミットメントを維持するためには、それを企業のミッションやビジョンや価値に組み込むのが最もよい方法だ」といっています。

企業の社会的責任（CSR）よりも社会貢献と利益の追求を両立させるCSV（クリエーティング・シェアード・バリュー＝共有価値の創造）の時代なのです。

2　消費者参加に盲点――問われる企業の「傾聴力」

前節で紹介した価値主導のマーケティングを実現するために、コトラーは「協働マーケティング」「文化マーケティング」「スピリチュアル・マーケティング」という3つの要素が重要であると提言しています。マーケティング3・0の時代には、3つの要素が互いにシナジーを生み出していくことが求められます。

1つ目の「協働マーケティング」とは何でしょうか。

ソーシャルメディアの普及によって、消費者が企業のマーケティングに与える影響力は飛躍的に高まっています。コトラーはこうした消費者の変化について「マーケティングはマーケターが消費者に対して行う活動だけではない。消費者も他の消費者に対してマーケティングを行っている」と論じています。

人々は広告より他の消費者の口コミを信頼し、納得感のある口コミはソーシャルメディア上で爆発的に波及します。企業は消費者との対話（≒協働）で信頼を築き、共感した消費者との協力（≒協働）によって大きな宣伝効果を得るのです。

消費者は商品開発や広告のアイデアを提供し、イノベーションの源泉としても企業に大きな協働成果をもたらします。コトラーの言葉を借りると、ユーザーが考えたコンテンツは消費者の生活により関連性があって受け入れやすく、往々にしてプロの作ったものより消費者の心に響くのです。

さらにコトラーは、取引先企業やサプライヤーなどパートナーとの協働の重要性にも触れています。消費者は受け取るメッセージが企業単体からの発信であれ、パートナーとの協働の成果であれ、総体的なものを受け入れるからです。

企業が単独で消費者の信頼・共感を得るのは、簡単なことではありません。

今こそ新たなパートナーを模索して過度な自前主義から脱却し、消費者やパートナー企業との価値追求型の協働を進めましょう。

［ケーススタディ］

◆消費者はCMよりクチコミを信頼

コトラーは「マーケティング3・0を実行している企業は世界を変えることを目指している。これらの企業は単独では変えることができない。互いにつながった経済のなかで、他の企業と、株主と、チャネルパートナーと社員と、さらには消費者とも協働しなければならない」と論じています。

マーケティング3・0に基づく価値主導・価値追求のマーケティングを実現するためには、より広範囲でより深くて緻密な「協働」を、従来以上に高い次元で推進していくことが求められるのです。

ソーシャルネットワークを通じて消費者同士さらには企業と消費者が密接に結び付いたマーケティングの世界を、コトラーは「縦ではなく横の関係」と表現します。これは、マーケティング3・0の重要なキーワードである「信頼」に着目したものでもあり、今日の「信頼」は縦の関係より横の関係に存在しているということを説明するものなのです。

この「横の関係性」についてコトラーは「消費者は企業よりも他の消費者を信頼している」とも述べ、企業広告を信頼する消費者が実際に減っていることを指摘しています。

本書でも紹介されている2009年に行われたニールセンの調査結果によると、消費者は新たに信頼できる広告形態として、クチコミに期待しており、消費者のおよそ90％が知人からの推奨を信頼しているそうです。

同じ調査ではこうした消費者の70％はオンラインで投稿される顧客の意見を信用していることも明らかになっています。今ほどソーシャルメディアが普及していない09年の調査でさえ既にこのような結果ですから、今の実情はこの結果をはるかに上回るものになると推察できます。

つまり、ソーシャルネットワークによって多くの人々とつながっている昨今の消費者たちは、数として爆発的な波及力を持っているだけではなく、その発言やつぶやきにおける「信頼性」という観点でも主役になっているのです。

◆「共同」では不十分――「協働」がカギ

本書は、商品開発や広告コンテンツの領域においても消費者同士、消費者と企業で協働することが重要であると述べています。消費者はクチコミによる影響を従来とは異なる次元で互いに与えあっているだけではなく、クリエイティブな価値を創造するという観点でも企業を手助けする存在になっています。

コトラーはこれを「参加の時代」という言葉を使って表しています。しかし、コトラーの示す「参加の時代」という言葉に秘められた本当の意味は、単に「参加する」という表現だけでは不足しているかもしれません。消費者参加型というだけでは企業から消費者という一方向の縦の関係を引きずったままのものになりかねず、真の「協働」と呼べるものにはならないのです。

筆者が日本を代表する消費財メーカーの経営者と議論した際、コトラーがマーケティング3・0で説明する「きょうどう」は、あくまで「協働」であって、「共同」ではなく、これまでにも顧客参加型の商品開発は数多く行われ、その大半は「協働」とはいえないものだったのではないか、という話になりました。これまで行われてきたような「きょうどう」はあくまで縦の関係に基づいて消費者の参加を求めたものであり、あくまで「共同」にとどまるものだったのではないかということです。

企業が価値創造の主体で、消費者の関与はそれを補完するものだったのです。しかしコトラーの唱える協働マーケティングでは、横の関係のなかで消費者の役割や関与がより大きくなっていくのです。このような将来像についてコトラーは「より高度な協働は、消費者が製品やサービスの共創を通じて価値創造に中心的な役割をはたす時に生まれる」と述べています。

◆巷の声を製品に結び付けるP&Gの底力

コトラーは協働マーケティングの事例としてプロクター・アンド・ギャンブル（P&G）の「コネクト・アンド・ディベロップメント（つなげる＋開発する）」によるオープン・イノベーションを紹介しています。

これは企業内に閉じていた従来のR&D（研究開発）手法から脱却し、社内・社外の技術や知的財産を互いに結び付け合うことで新しい価値を生み出す取り組みです。P&Gのホームページには、「P&Gのイノベーションパートナーは、企業、研究機関、サプライヤー、小売取引先、製造委託会社、商業面におけるパートナーなど、個人から大企業まで、時には競合他社も含め、多岐にわたっています」と記されています。

スキンケア製品の「オーレイ・リジェネリスト」や、ホコリ取り用品の「スウィッファーダスター」は実際にこうした取り組みから生まれた商品で、P&Gの売り上げの35%前後が、こうした企業外から募ったオープンなアイデアによる研究開発の恩恵を受けているともいわれています。

ただし、このような成功は自社内にも強力なイノベーション基盤があってこそ実現するものであり、また、イノベーションを発掘・商品化するために必要な「確立した製品ニーズの発掘とコンセプト化」という自社の強みを磨き上げ続けてこそのものといえるでしょう。

オープン・イノベーションを強力に推進する一方で、P&Gのホームページには「消費者起点が革新の原点」という名の下に、年間約400億ドルを投じて500万人に対する消費者調査を実施しているという取り組みも紹介されています。

このように、自社で強化すべきものと消費者も含めた社外の力を借りるべきものを選別したうえで、それを強力に推進することが協働の秘訣であり、多くの日本企業に求められているといっても過言ではありません。つまり、「自前主義からの脱却」の本質ともいえるでしょう。

P&Gのこのような取り組みは非常に有名ですが、「2001年よりコネクト・アンド・ディベロップメントを本格始動」と記されており、必ずしも十分なコラボレーション環境が前提になっていたものではありません。

同社の成功はソーシャルメディアの普及に強く依存するものではなく、早くからオープン・イノベーションを経営戦略の根幹に位置付けたことにあるのでしょう。

実際、オープン・イノベーションのような形での協働に新たに取り組んだとしても、P&Gのような大きな成果に結び付けるには長い時間を要するかもしれません。協働マーケティングの本質を捉え、自社なりの方向性を見つけたうえで、それを強力に推進することが求められるのです。

P&Gがコネクト・アンド・ディベロップメントを本格化した2001年よりも飛躍的に協働のための環境が整備された昨今、協働マーケティングのチャンスは多大です。ソーシャルメディアを活用して、特定のテーマに対するアイデアを一般消費者に広く公募するコンテストを開催してみるのも1つでしょう。

◆自前主義を捨てたヒューレット・パッカードがサイト訪問者を増やす

近年でのこの手のマーケティングによる成功例は数多く、ヒューレット・パッカード（HP）社は自社のパソコンの魅力を伝える画像や動画をコンテスト形式で広く消費者に募集し、ECサイトでのPVが5000万PV、対象商品売り上げが前月比で84％増を達成するという成果に結び付けました。本書でも一般ユーザーがつくった「フリードリトス（ドリトス無料）」のCMが、USAトゥデー・スーパーボールCM高感度調査で広告会社が製作した作品を抑えて首位に輝いた例が紹介されています。

また、ソーシャルメディアはオープンかつ生活に密着したものです。そこでの消費者の率直な言動に真摯な姿勢で耳を傾け、そして学び、的確にマーケティング活動に反映できれば、それは協働マーケティングの実践ともいえるでしょう。こうした活動はソーシャル・リスニングともいわれますが、ここでは消費者の参加自体より「協働」が重要なのであり、同じ時や場所やコミュニティへの参加という形に固執するのは、協働マーケティングの本質ではないのです。

もちろん、いくつかの企業やそこに属する個人が取り組んでいるように、listen&learn（耳を傾け、学習する）に加えて、ソーシャルメディアを通じて能動的にreact（反応し、行動する）していくことで、消費者との連鎖的な化学反応を生み出し、協働のレベルを更に高めることもできるでしょう。

ここまで述べてきたような一般消費者向けの広告コンテンツのコンテストや、reactionを伴ったソーシャル・リスニングは、比較的取り組みやすいものでありますが、テクニック論のみに走れば、両刃の剣となることを忘れてはなりません。

設定するコンテストのテーマやreactする発言内容が消費者の共感を得られないものであれば、それはマーケティング3・0の思想に反し、持続的な成果が得られないどころか、悪評が波及するというリスクさえ伴うのです。

協働・共創のための経営環境が飛躍的に整った昨今、コトラーが唱えるマーケティング3・0の本質を理解したうえで、自社なりの方針・方法によって、自前主義からコラボレーション型企業経営への転換を真剣に検討すべき時だといえるでしょう。

3　異文化を味方に――「世論の地雷」を避けて攻略

本節ではマーケティング3・0の重要な3つの構成要素の1つ「文化マーケティング」に

ついて説明します。コトラーは文化マーケティングが重要な背景として、「グローバル化のパラドックス」を挙げています。

コトラーは「グローバル化は普遍的なグローバル文化を生み出す一方、同時にそれに対抗する力である伝統的文化を強化する」と述べています。グローバル化の時代だからこそ、ローカル固有の文化や価値観を尊重しなければならず、企業がそれらを意識的に自社のマーケティングに組み込んでいく必要があるという概念です。

グローバル化を推進する日本企業は海外での事業拡大に専念するだけでなく、進出する地域に密着した「文化マーケティング」を行うことが欠かせません。グローバルでの労働集約、知識集約などによる利点を追求しつつ、各国の文化や社会的課題に配慮した地域密着のローカル化を成し遂げる必要があります。

英国のザ・ボディショップは化粧品などの販売を通じて社会的平等という普遍的な価値の実現を目指しつつ、地域に密着して社会的課題の解決に取り組んでいます。

世界各地の貧しいコミュニティから直接天然原料を購入し、事業活動と貧困の撲滅を両立させようとしているのです。動物実験をしない方針をつらぬいていることも評価を高める要因にもなっています。

このように慈善活動を超えて地域社会と共存することで、企業はその社会から大きな支持を得ることができます。

さらにコトラーは「マーケッターは人類学と社会学についてある程度、理解しておかなければならない」と述べています。ローカルでのビジネスを表層的な地域の習慣に適合させるだけでは、社会的・文化的価値を生みません。地域に根付いた習慣や価値観の本質を深く理解することが欠かせません。

［ケーススタディ］

◆グローバルとローカルの接点を探る

コトラーの提唱する文化マーケティングは、単にローカルの伝統文化を大切にすべきという域を超えて、文化（≒社会）を形成するという要素にも広く目を向けることを目指すものです。

独特な商習慣や生活習慣、食文化や国民性・民族性、価値観の違い、そして国や地域が抱える社会問題への対応など、幅広い視点での対応が必要になります。そのために普遍性を追及することも1つの方向性です。

文化的課題という観点に立った場合でも、世界平和や社会平等といった根本的な価値観はどこの国や地域でも存在します。こうした普遍的な価値を訴求できる商品ブランドや企業ブランドを構築することが大事だといえるでしょう。

そのような例として、コトラーは英国の化粧品・日用品メーカー、ザ・ボディショップを挙げています。

同社は事業活動と貧困の撲滅の両立を目指し、動物実験を行わないことや、自社社員への公平性を追求する取り組みを継続しています。このことによって、全世界から支持される普遍的なグローバルブランドとしての地位を確立しているといえるでしょう。

さらに重要となるのが、的確で効率的なローカライゼーション（現地化）を伴ったグローバルマーケティングの推進です。優れた企業は自社ブランドをグローバルに展開しつつも、同時に適切なローカライゼーションも施しています。それは商品企画やプロダクト戦略だけでなく、マーケティングの一要素であるプロモーション（現代では情報コミュニケーション自体ともいえる）でも重要なものです。

例えば、1つの広告キャンペーンで共通のメッセージを全世界に展開する場合と、その国の国民性や文化的価値観に合わせてメッセージをローカライズする場合で区別するなど、コミュニケーションの切り分けと融合が重要となるのです。

特に情報コミュニケーションでは、ソーシャルメディアやスマートデバイスを有効活用したデジタルマーケティングを展開することが重要です。適切にローカライズされたメッセージをスーパーグローバルな仕組み（グローバル共通の効率的な仕組み）を通じて情報発信することで、従来とは段違いに効率的そして効果的に推進することが可能となります。

◆サウジで女性の社会進出に貢献した日本企業

こうした文化マーケティングの成功事例として、ユニ・チャームとキッコーマンの事例をご紹介します。両社の先進的取り組みはテレビや新聞などのマスメディアで取り上げられたことも多いのでご存じの方もいるかもしれません。

ユニ・チャームはベビーケア用品、サニタリー用品で国内トップシェアを誇る国内超優良企業で、海外売上高比率6割を超える先進グローバル企業でもあります。特にアジア地域では、高い成長を維持しています。

ユニ・チャームがインドやイスラム諸国において女性の社会進出を支援する先進的な取り組みを展開していることはご存じでしょうか。

例えば、サウジアラビアでは女性だけが働くおむつ工場を建設しました。女性が働くことが禁じられているわけではありませんが、そうした機会が極めて少ないなか、サウジアラビアの女性の雇用と社会進出に貢献しています。通常、人前では黒い民族衣装を身にまとう慣習のある現地の女性たちが、そういった衣装をまとわず、男性管理職と完全に分離された形で作業を遂行しています。

女性に厳しい規律を課すイスラム国家においても、ローカルの多様性や伝統との対立を生じさせることなく維持し、同社の持つ社会的価値を行動で示したのです。実際、ユニ・チャームはこうした取り組みによって、発展途上国に利益をもたらす企業として国連から世界の30社のうちの1社に選ばれました。

◆米国人に「しょうゆでステーキ」を仕掛ける

またキッコーマンは主力の米国のほか、ロシアなどでも事業展開を加速し、2015年3月期の営業利益に占める海外の比率は8割を超えています。

キッコーマンの成功は米国における日本食の浸透がもたらしたものと直感する人も多いかもしれませんが、実は違います。米国の食の主役ともいえるステーキなどの肉料理に、しょうゆがマッチすることを訴求するためのレシピ開発や宣伝広告がもたらした成功なのです。

これは、米国の食〝文化〟との融合による成功事例といえます。現在のようにテクノロジーが発達しておらず、企業がグローバル化を進めるための環境が整わない時代から、レシピ開発やその浸透に取り組んできたキッコーマンの苦労は並大抵のものではないと想像されます。今の日本企業はキッコーマンのような企業の挑戦から学べる点が多いといえます。

文化マーケティングでは、これまでも述べてきたように、その国や民族独自の文化を大切にし、それと対立せず、融合することが大事です。これを一言でいうとローカライゼーションを実行することともいえるでしょう。しかし、決してローカライゼーションがすべてではありません。

4 社会に問う力――カギは「納得、感動の物語」

本節ではマーケティング3・0の構成要素の1つ「スピリチュアル・マーケティング」を紹介し、改めて『コトラーのマーケティング3・0』の全体像を捉えてみたいと思います。

第1節で消費者は「精神を感動させる体験やビジネスモデルを求めている」と解説しました。

こうした消費者に真正面から向き合うのが「スピリチュアル・マーケティング」という概念です。

「企業が人間の幸福にどのように貢献しているかを消費者が認識すれば、利益はおのずとついてくる」とコトラーは言います。

消費者の発言力や波及力が飛躍的に高まっている現代では、幸福に貢献しているということが共感や感動につながり、企業利益にも影響を及ぼすのです。

本書は「人々を納得させるには事実や数字に基づいて考えをまとめて知的な議論に巻き込むことと、それらの考えを軸に感動的なストーリーを創るという2つの方法があり、より効果的なのが後者である」という演出家ロバート・マッキーの言葉を引用しています。マーケティング3・0におけるストーリーの重要性を強調したものです。

米アップル創業者のスティーブ・ジョブズは「人々が全人生の音楽ライブラリーをポケットに入れて持ち運べるようにする」というストーリーで音楽産業を変革するというミッションを達成しました。

ソーシャルメディアなどが発展した現代では、魅力あるストーリーをより効率的・効果的に消費者に届けることが可能になりました。消費者の精神に感動を与えるようなストーリーは往々にして社会的・文化的なものになりますし、共感した消費者はつながりあい、協働していくものです。

マーケティング3・0を構成する「協働」「文化」「スピリチュアル」という3つのキーワードは密接に絡み合うもので、新たな時代のマーケティング言論として私たちに改めて示唆を与えてくれるのです。

［ケーススタディ］

◆「支配からの解放」「唯一の希望の光」を演出したアップル

マーケティング3・0の世界で欠かすことのできない「ストーリー」についてもう少し掘り下げてみたいと思います。

ジョブズが自ら創った会社であるアップルを追われた12年後に、最高経営責任者（CEO）として復帰したあとの快進撃は多くの人が知るところでしょう。前述した「全人生の音楽ライブラリーをポケットの中に」というストーリーでiPodを躍進させ、iPhoneやiPadなどを立て続けに市場へ投入し、コンピューター産業や音楽産業、通信産業にイノベーションをもたらしました。ジョブズはアップルを創設した直後の若き時代から、卓越したストーリーテラーであったといえます。

コトラーは、１９８４年にアップル社がマッキントッシュを世の中に送り出した時のことに触れ、偉大なストーリーテラーとしてのジョブズの取り組みを紹介しています。

当時、マッキントッシュが製品として先進的だったことはいうまでもありません。しかし、コトラーも述べているように、本書ではジョブズが多くの消費者の共感を呼ぶ社会的な存在価値をマーケティングしようとした取り組みに注目しています。マッキントッシュが発売された年に「１９８４年」というタイトルが付けられたＣＭが全米で流されましたが、「１９８４年がなぜコンピュータ産業にとって変革の年なのか」という社会的な視点から感動的なストーリーを語ったのです。これが、「マッキントッシュ」という、その後のパーソナルコンピューターの方向性を決定づけるイノベーションの始まりでした。本書でコトラーは次のように述べています。「(ジョブズは) マッキントッシュを、コンピュータ産業を支配しようとするＩＢＭの企てに対するアップルの反撃として描き出し、ディーラーや消費者がその支配を逃れて選択の自由を享受するためには、アップルが唯一の希望の光であると主張した」

当時のマッキントッシュはすでに大きな成功を収めていましたが、現在のアップルの成功ほどではありませんでした。現にジョブズは、自ら創ったアップルを去ることとなり、12年もの間、アップルの経営からは遠ざかりました。そしてその間のアップルの業績は低迷を続け、他社への売却さえ囁かれていたのです。約30年前の当時でも、ストーリーはマーケティングにおける意義を持っていたことでしょう。しかし、本書で繰り返し述べられている昨今の急激な環境変化によって、ストーリーの価値は圧倒的に高まっているのです。

◆客観的な事実とともに精神に訴えれば効果絶大

iPodやiPhoneが世界中で空前の成功を収めたのは、マーケティング3・0のような環境が整いつつある時代であったからだともいえるでしょう。ストーリーがジョブズという強烈なアイコンからだけではなく、社員やサプライヤー、そして大勢の消費者たちの口からも語られ、集合知としてストーリーの完全性を創り上げていきました。そして音楽を聴くという体験だけではなく、iTunesのようなコンテンツプラットフォームを通じた新たな購買体験までが広く浸透し、業界をまたがった大変革となって瞬く間に全世界を席巻したのです。革新的な商品が、完全性の高いストーリーとともに、音楽という「文化」の革命を起こし、人々の「精神」をも共鳴させ、消費者・社員・サプライヤーによる全包囲的な

「協働」へと導いたのです。

それでは、どうすればこのように消費者に共感してもらえるストーリーを創り上げることができるのでしょうか。再びロバート・マッキーの言葉に注目したいと思います。「人びとを納得させるには2つの方法があり、ひとつは事実や数字に基づいて考えをまとめ、知的な議論に引き込むこと、もうひとつはそれらの考えを軸に感動的なストーリーを作って人びとの感情をつかむこと。そして2つ目のほうが遥かに効果的である」というマッキーの言葉は、ストーリーの重要性を強調します。ここで私たちは、1つ目の「事実や数字に基づいて考えをまとめること」についても着目しなくてはなりません。なぜなら、事実や数字に基づく客観性を組み込んだ魅力的なストーリーを創り上げることも可能であり、その効果は絶大だからです。こうした客観性の高い事実を基に共感を生むストーリーを創り上げた事例として、ユニリーバが実施したマーケティングの取り組みをご紹介します。

◆ポジティブな思考へと導くユニリーバの物語

ユニリーバは同社のブランド「Dove」を訴求するためにユニークなプロモーションムービーを制作しました。「Dove Real Beauty Sketches（ダヴ リアルビューティースケッチ）」

と題されたこの動画は2013年4月からユーチューブでの配信をスタートし、約半年の間に世界で2億回以上もの視聴を記録し、最も多く閲覧された企業動画として注目を集めています。この動画の内容は次のようなものでした。

まず、米国のFBI（連邦捜査局）で似顔絵捜査を行ってきた法医学画家のジル・ザモーラ氏が、カーテン越しにいる女性が話す「自分の顔の特徴」を基に、本人を全く見ずに肖像画を制作します。そして次に、その女性本人と実験前に会ってもらった他人に、「自分が会った女性の顔の特徴」を言葉で説明してもらい、同じように肖像画を制作します。すべてが終わり、彼女らは2つの似顔絵を見せられます。1つは自分が話した自分自身の特徴を描いた似顔絵。そしてもう1つは他人から見た自分の似顔絵です。2つの似顔絵によって自分では短所ばかりだと思い込んでいた特徴が、他人から見るとそんなことはないということがわかり、本当の自分の美しさに気付くというものです。「あなたは自分が思っているよりも美しい」というメッセージを伝え、ポジティブな思考になることを女性の消費者に訴えて、前向きな気持ちで化粧品を使ってもらうことを期待したストーリーです。

企業側で創り上げたストーリーをそのまま一方的に伝えるということではなく、実験現場における消費者の生の反応を伝えるという客観的な要素を付加したことや、ユーチューブというメディアも活用しながら全世界にメッセージを発信した巧みさなどにより、爆発的な波及力をもったプロモーションの例といえるでしょう。これが、ロバート・マッキーのいう「事実や数字に基づく考え」を組み込んだストーリーを構築することの重要性を示した例です。単に発言力を増した消費者に歩み寄ればよいというものではなく、客観的にストーリーを組み立て、納得させることが重要だということです。

つまり、これからのマーケティングには右脳偏重のインプレッション（印象）重視のクリエイティブ（作品）だけではなく、左脳と右脳が融合したミッションやアイデンティティに基づいたストーリー重視のクリエイティブが求められているともいえるでしょう。これまでのマスマーケティングでは15秒や30秒で一方的にメッセージが流れるテレビCMのようなプロモーションが主流でした。こうした世界では、知名度・好感度の高いタレントを採用したり、繰り返しイメージを刷り込んだりすることで、いかに自社の製品やサービスのインプレッションを与えるかということがカギになります。しかし、企業と消費者が協働してストーリーを創り上げていくことや、文化的課題認識を高め、精神的充足感を求める消費者への訴求が必要なマーケティング3・0の世界では、真の共感を得られるかが勝敗を分け、そのためには、企業の信念に基づく、地に足がついて洗練された完全性の高いストーリーが極めて重要なのです。

◆協働、文化、精神が欠かせない時代

さて、これまで『コトラーのマーケティング３・０』を構成する「協働」「文化」「スピリチュアル」という３つのキーワードを中心に同書を解説してきました。初めてコトラーに触れる方にとっては少し理想主義的な考えに思えたかもしれません。しかし、忘れてはならないのは、フィリップ・コトラーが合理的なアプローチで現代マーケティングの概念を創り上げたパイオニアであるということです。コトラーはかつて、企業が効果的に市場を開拓するためのマーケティング手法として、ＳＴＰ（Segmentation, Targeting, Positioningの頭文字）を提唱しました。マーケティングの基本はセグメンテーション、ターゲティング、ポジショニングの３つであるというものですが、これらを踏まえたマーケティングは今では基本動作であり、多くの企業活動の参考にされてきました。

それではなぜ合理主義者であるコトラーが、方法論ではなく、ある意味、理想論とも捉えられかねない概念論としてマーケティング３・０を提唱したのでしょうか。それは、私たちがＳＴＰのような合理的な手法だけで勝ち残ることは難しく、概念や原理、原則に従って

各々の手法を導きださなければいけない時代にいるからだといえるでしょう。コトラーは、そのための基本概念を提示したのです。言い換えれば、ソーシャルメディアなどのデジタルテクノロジーの普及、新興国を含んだ大きなグローバル化の波とそれによって強化されるローカル固有のアイデンティティ（グローバル化のパラドックス）、そして所得格差や地球環境問題といった近年になって特に着目されている全人類にとっての普遍的課題は、それほどまでに消費者のマインドや企業経営に大きな影響を及ぼしているということです。

過度な自前主義から脱却し、消費者やパートナーとともに協働していくことや、ローカルな文化的価値を尊重しつつも人類にとって普遍的な社会課題に目を向け、精神に訴えかけるようなマーケティングが求められているとコトラーはいいます。マーケティングの果たすべき役割はこれまで以上に高まり、企業が信念をもって考え、取り組んでいくべきことが増え続けていくことでしょう。

8

『コークの味は国ごとに違うべきか』

パンカジ・ゲマワット著

——国ごとの違いを乗り越えるグローバルマーケティング

平井孝志（ローランド・ベルガー）

コークの味は国ごとに違うべきか／Redefining Global Strategy：Crossing Borders in a World Where Differences Still Matte
2007 年
パンカジ・ゲマワット（Pankaj Ghemawat）著
邦訳：文藝春秋、2009 年／望月衛訳

1　世界は「フラット化」しない

『コークの味は国ごとに違うべきか』の原題は「グローバル戦略の再構築」です。史上最年少でハーバード・ビジネススクールの教授（1991年）になったパンカジ・ゲマワットという経営学者が著しました。一番の主張は、世界はフラット化していないという点です。国ごとの差異は残っており、グローバル戦略を考える際にその差異を真摯に受け止めなければならないというのが結論です。

ゲマワットは画一的で中央集権的な政策は間違っていると考えます。距離が縮まり、国境が消え、嗜好が収束するという世界が来ることを認めていないからです。成長崇拝・規模の経済の追求のみに走ることは危険だと警鐘を鳴らしています。

交通やコミュニケーション技術は進歩しました。航空輸送のコストは1930年代に比べ約9割低下しました。同時期、ニューヨーク—ロンドン間の電話代も3分間350ドルから40セントに下がりました。インターネットが世界中の情報格差を縮めたのも事実です。

しかし、ネットの世界さえ、国ごとの差異はビジネスに影響を及ぼしています。グーグルの共同創業者セルゲイ・ブリンの祖国ロシアでグーグルは苦戦しています。ロシア語が複雑な言語であるということなどがその理由です。

ゲマワットによると、インターネット通信量のうちシェアを増やしたのは各国内での通信であり、国際間のシェア、特に大陸間のシェアは低下しているそうです。ネットの世界でも国境は厳然と存在しているのです。今起こっていることは世界が完全統合するグローバリゼーションではなく、セミ・グローバリゼーションなのです。

このような世界を前提とすると、本国での戦略をそのまま他国に当てはめることや、国境を考慮しない世界標準の戦略がうまくいかないことは明らかです。国ごとに異なる文化、制度、地理、経済の差異を理解し、その差異から何を得るかという発想が重要なのです。

［ケーススタディ］

◆揺れ動くグローバル企業の巨人、コカ・コーラ

最初の事例はコカ・コーラです。コカ・コーラはグローバルに成功している企業として広く認識されています。しかしゲマワットはコカ・コーラをグローバル戦略の軸が定まらず苦労してきた企業だと見ています。時の経営者が選択した戦略によって、中央集権的な集約を

試みたり、ローカルに適応しようとするなど揺れ動く中で業績が上下してきた企業だからです。

コカ・コーラは1886年に創業しました。ペプシがはじめて海外（カナダ）に進出した1929年には既に76カ国に展開していました。1920年代から80年代まで当社を率いたロバート・ウッドラフは強い海外進出信奉者で、世界のどの国にでもキリスト教の宣教師が来る前にコカ・コーラの旗をたてなければならないと豪語していたくらいです。ただ当時のコカ・コーラの戦略は「マルチローカル」でした。海外の事業はおおむね独立して経営されていたのです。

1981年にロベルト・ゴイズエタがCEOに就任してから状況は一変します。海外事業の重要性に対する認識は同じでしたが、グローバル市場に対する見方は180度異なりました。ゴイズエタは各国の類似性に注目したのです。

彼は、米国と他の国々、あるいは他の国々の間の基本的な差異はコカ・コーラの普及率の違いだけだと考えました（当然米国人はコーラをたくさん飲みます）。そうなると膨大な成長余地が目の前に広がることになります。国ごとに違いがなく海外に膨大な成長余地があると考えるとおのずと中央集権化と標準化が進みます。効率が良いからです。戦略は必然的に画一化へと傾くことになります。

ゴイズエタの死後、1997年にCFOであったダグラス・アイヴェスターがこの路線を継承しました。しかしブラジルや日本の経済の失速、アジア通貨危機などを機に成長が止まります。でも彼は成長路線を変えませんでした。結果、アイヴェスターは海外製造販売会社の反発によって解任されることになりました。

◆必要なのはグローバル戦略ではなくクロスボーダー戦略

その後、後継者になったのは、極東・中東グループのトップを務めたダグラス・ダフトでした。彼は「ローカルに考え、ローカルに行動」を掲げ、現地への権限委譲を大きく進めました。約6000人（そのほとんどがアトランタ本社の社員）のリストラを行い、グローバル規模の広告を廃止しました。しかし成長率の低下は続きました。そこで、ダフトは再度グローバルなマーケティング機能を再構築しようとします。しかし、解雇するのは一瞬でも再構築には時間がかかります。結局、2004年にダフトは引退することになりました。

ダフトの後を継いだネヴィル・イスデルは、前任者たちの急激な方針転換、つまり極端な中央集権化・集約化、あるいは極端な現地化を否定しました。代わって、彼は国ごとの差異を軽視することなく、またその差異に完全に屈することのない方法で競争を始めたのです。

このような状況に対して、「グローバルに考え、ローカルに行動」という言葉が解決の糸口を与えてくれるという意見もあります。しかし、この言葉は何も意味していないとゲマワットは喝破します。具体的に何をどうすれば良いかが明確ではないからです。

また、考えるのはグローバルレベルで行動はローカルでという二分法も成り立たないと主張しています。グローバル・ローカルそれぞれのレベルで考え・行動することが求められているからでしょう。結局、国ごとの差異を前提に戦略を立案する姿勢が重要だということに帰結するのです。その意味では、企業に必要なのはグローバル戦略ではなくクロスボーダー戦略という発想なのかもしれません。

ここからは、日本のある工作機械メーカーに勤めるAさんが、東南アジア進出の検討を任されたという場面を想定し、どのような検討を行えば良いかについてゲマワットの指摘に基づき整理してみましょう。

ステップ1：国ごとの「差の差」を測るべし

最初にAさんがすべきことは、東南アジアの国々の事業環境を理解することです。Aさんの会社の製品を導入できる工場が現地にあるのか、あるいは生まれつつあるかが分析の第一歩です。次にその工場で自動化が進みつつあるかどうかも重要なポイントになります。もし政府が自動化の促進に前向きであれば（例えば支援制度など）市場性はより魅力的になります。

また、その工作機械が作る製品のエンドマーケットが拡大しているかどうかも確認すべきです。そして、日本からの地理的（移動にかかる煩わしさ）、文化的な隔たりも重要な論点になります。

これら国ごとの差異の大きさをもとに、それぞれの国の魅力度や、日本からの総合的な「距離」を把握することが最初のステップになります。

ステップ2：プラスαの経済価値の発見

次にAさんが行うことは、海外進出が単なる業績の足し算ではなく、それ以外のメリットが存在するか否かの検討です。まず疑うべきは規模や範囲の経済が本当に生まれるかどうかです。これらは自動的には生じません。特に、現地生産する場合には規模の経済の効果は限定的になります。

さらには他の経済価値があるか無いかの探索が必要となります。例えば海外に進出することで、製品開発のヒントや新しい能力（経営管理や営業のノウハウなど）を獲得できるか否かといったプラスαが本質的に重要です。

1＋1＝2であれば、国ごとの差異を克服してまで出ていく意味はないということになるのです。

ステップ3：差異への適応、差異の活用

最後に考えるべきポイントは、優先度の高い国に進出する際の適応の手段です。例えば、日本で販売している製品のどの機能を残し、どの機能を削除するべきか、あるいは設計の工夫等で多様化・多品種化のコストをどれだけ減らすことができるか、こういったことを考える必要性が出てきます。いずれ東南アジアに面展開するのであれば、将来のあるべき姿をしっかりと描き、どこに本拠地や生産工場を置くべきかをあらかじめ検討することも重要です。あえてまだまだ先の市場と考えられる国にまっさきに進出することで、その国における将来の競争優位を構築できるかもしれません。

つまり国ごとの個々の優先度を考えるだけでなく、国ごとの差異をうまく活用するという発想も求められることになるのです。

2 国ごとの違いを乗り越える――4つの「隔たり」

国際貿易を考える際のモデルに「重力モデル」と呼ばれるものがあります。ニュートンの万有引力の法則をアナロジー（類比）としています。重力モデルとは、2国間の貿易額がそれぞれの国の経済規模に比例し、2国間の距離の2乗に反比例するというものです。

同モデルは経済モデルとしては優秀です。2国間の貿易額の変動の半分から3分の2を説明できるそうです。これは国際的な経済活動に地理的な隔たりが厳然と存在することを示しています。

地理的な隔たりは、企業活動にも大きな影響を与えます。重力モデルを企業業績に当てはめるとどうなるでしょうか。

例えば、ウォルマートストアーズでは次のようなことがわかりました。海外展開国の首都と同社の本社（アーカンソー州）との距離が遠いほど利益率が低くなるという相関があったのです。カナダやメキシコでの利益率は高く、韓国やドイツでは赤字でした（両国からは既に撤退済みです）。

距離以外の重要な隔たりも見えてきます。利益率が高かったのは英語圏の国であることや英国の旧植民地であることもわかりました。所得水準が低い国の業績は総じてよくありませんでした。ここから、単純な重力モデルには補正が必要なことがわかります。

著者のゲマワットは、国ごとの隔たりで重要となる要素を4つに集約しました。地理的な要素に加えて、文化的、制度的、経済的な隔たりを合わせた4つです。これらの要素に照らし合わせて国ごとの差異を理解することで、企業の海外進出の優先度が見えてくると著者は主張します。

隔たりを意識するということは、画一的な世界で画一的に成功するという妄想の解毒剤にもなります。他国では企業はどこまでも外来種で、競争上の不利は自明です。他国のことを自国以上に理解できるというのは幻想にすぎません。自他の違いを理解することが成功の第一歩なのです。

［ケーススタディ］

◆「CAGE」から学ぶグローバルの本質

ゲマワットは、この地理的（Geographical）、文化的（Cultural）、制度的（Administrative/

Political）、経済的（Economical）の英単語の頭文字をとって順番を並べ替え、この4つの要素からなるフレームワークをCAGEと呼んでいます。そして、このCAGEのフレームワークを使えば、企業がグローバルに展開する時、国ごとの差異を理解するのに役立ち、何をすべきかのヒントが見えてくると言います。

本節のケーススタディでは、日本のある中堅冷凍食品メーカーに勤めるBさんがCAGEのフレームワークを用いて国ごとの差異を理解し、国の優先順位を決める場面を想定してみましょう。ここではBさんの立場に立って常識的な知識を活用しつつ、思考実験を行ってみたいと思います。

①文化的（Caltural）な要素

高度経済成長とともに日本の食生活も豊かになってきました。そんな中で、冷凍技術も大きく進歩しました。冷凍食品の加工度はどんどん高まり、簡単な揚げ物から色々な種類のお惣菜にまでバラエティーは大きく広がりました。

最近では、食べ切りサイズのものから、一食分のおかずがワンセットになったものまで発売されるようになりました。スーパーに行けば、カラフルなパッケージの冷凍食品がところ狭しと並べられています。冷凍食品の味も本当に良くなりました。日本の冷凍食品は日本の技術がつまったハイテク商品だと言えるかもしれません。

また海外において、日本食は健康に良く、美味しいと高い評価を得ています。2013年、「和食」がユネスコの無形文化遺産に登録されたくらいです。そう考えると、日本で普及している冷凍食品を海外で販売することには大きなビジネスチャンスがあるような気がします。

一方、冷凍食品は「食」に関連する商品です。食文化という言葉もあるように、それぞれの国の文化や嗜好性にも深く関わる領域です。冷凍食品においても国ごとに大きな差異があることは容易に想像がつきます。進出の際にはその国の食文化に合わせた商品開発をする必要があることもおぼろげながら理解できるでしょう。

つまり、文化的な要素から考えると、日本というブランドを十分に活用可能な、日本に対して良いイメージを持っている国が魅力的な市場になり、実際に進出する際には、現地の味に合わせて商品をローカライズする必要があるということが見えてきます。

②制度的（Administrative/Political）な要素

制度的な観点では、冷凍食品の海外進出に大きな課題はなさそうです。冷凍食品は特に国防問題に絡むこともなく、国土のインフラ整備にも絡みません。そういった意味で利権に関わる面倒さもほとんどなく、制度的な制約はあまりないことが想定できます。もしそうだとすると、日本から海外に進出する場合、先進国でも新興国でも制度的な観点からは有利不利があまりなく、どちらを選択しても問題ないということになります。

一点気をつけるポイントがあるとすると、魚や農作物などの原料調達における工夫が必要となるかもしれないことです。漁獲や農業といった領域は、時と場合によっては国益が絡んできます。海外政府との関係をうまく調整していくうえでは、やはり親日的な国を選んだほうが得策かもしれません。ひょっとしたら現地企業との提携なども有効な手段になるでしょう。

③地理的（Geographical）な要素

日本国内で生産して海外に商品を運ぶ場合、輸送コストがかかります。冷凍食品は当然のことながら冷凍して運ばないといけないので輸送コストも割高になります。そういった点からは、進出先の国は近いほうがよさそうです。

海外で生産や開発を行う場合には、今度は人材がボトルネックになります。英語の話せる人材、海外の技術者を指導できる人材、海外の小売業と交渉できる人材などが必要になります。組織運営上も、あるいは本社からの支援という観点でも、進出先の国は地理的に近いほうがベターと言えるでしょう。

④経済的（Economical）な要素

市場規模という観点からは、1人当たりのGDPが大きく、人口の多い国の優先度が高くなります。おそらく米国や西欧諸国が大きな市場であることは間違いないはずです。ただ日頃よく経験することですが、冷凍食品はスーパーの特売品として売られます。特売日には、冷凍食品が3割〜4割引きで売られることもよくあります。保存もできるし買いだめできるからお客にとって買いやすいのがその理由でしょう。お客の購買行動から「タイミング」という要件が抜け落ちるので、より価格競争に陥りやすいのかもしれません。

他の先進国でも、日本と同じように冷凍食品がコモディティー化の圧力にさらされている可能性は大です。そうなると日本プレミアムを期待するのもなかなか難しそうです。ひょっとしたら市場はまだ小さいけれど、これから1人当たりGDPが増加し、冷凍食品が普及していく新興国のほうが、日本プレミアムを訴求しつつ価格を維持し、事業を拡大させることのできる可能性が高いと言えるかもしれません。

ただ、冷凍食品ですから、冷凍の物流網が整っていることが必要になります。もし冷凍物流網があまり整っていないのであれば、現地企業あるいは日本の物流会社と組んで物流網も含めた形での進出を行う必要性がでてきます。苦労は増えますがその分、大きなビジネスチャンスと持続的な競争優位を生み出すことができるかもしれません。

このようにCAGEのフレームワークに沿った検討をすると、海外展開する際のおぼろげな戦略が見えてきます。長期的な視点に立つならば、日本に近くて親日的な国、例えばタイや台湾、インドネシアなどの東南アジアの国に進出することが有望そうです。少し遠いのですがトルコなども有望なターゲットになりえます。

また、現地企業と協業しつつ冷凍物流網もつくりながら、収益性の高い、競争力のある冷凍食品事業を育てていくことも有望な打ち手でしょう。もし、規模が大きいと想定される米国や西欧諸国に進出するとしたら、規模拡大を意図したM&Aのほうが、一からビジネスを立ち上げるよりも現実的だろうということも想像できます。

3 ハーゲンダッツは米国の会社——「違い」は「機会」

我々は国ごとの差異が大きいセミ・グローバリゼーションの世界に暮らしています。そのような世界でグローバル展開しようとする時、最初に問われるべき質問は「どうやってグローバル化するか」ではなく「なぜグローバル化するか」です。

大きいことは良いことだとか、本国の市場だけに頼るのはリスクが大きいといった理由では不十分です。本質的な答えは、しっかりとした経済的価値を創造できるか否かにあるべきです。実際、いくつかの側面で価値創造は可能です。

1つ目はコスト面での価値創造です。ウォルマート・ストアーズでは、海外店舗の営業利益の合計額よりも大きなメリットを中国から調達することで得ています。ブラジルの航空機メーカー、エンブラエルは最も労働集約的な最終の組み立て工程を人件費の安いブラジルで行うことで、カナダの競合相手、ボンバルディアより利益率で15％程度優位に立っています。資本コストの面でも資金調達コストの安い国に事業展開し、その国で資金調達することで調達コストを下げることも可能です。

2つ目は顧客に対する付加価値向上です。国ごとの文化的な差異をうまく活用した例としてはハーゲンダッツが挙げられます。ハーゲンダッツはヨーロッパ企業のイメージがありますが、実はニューヨーク市ブロンクス発祥の米国企業です。創業者が高級アイスクリームのイメージを創り出すために北欧風の名前にしたのがその由来です。

ダイヤモンド採掘販売のデ・ビアスは、紛争地で取れたダイヤモンドの貿易規制に賛同することで、供給過剰を抑えコモディティー化の抑制に成功しました。これは制度的な差異を活用し、顧客への価値向上を実現した例だと言えます。

本国では手に入らない知識・経営資源を獲得することにも意味があります。差異は必ずしも制約ばかりではなく、活用する機会でもあるのです。

［ケーススタディ］

◆「ADDING」で価値向上策を学ぶ

「なぜグローバル化するか」の答えを探るために著者のゲマワットが提唱しているのがADDING価値スコアカードです。ADDINGとは次の6つの要素のことを指しています。

・販売数量の向上（Adding Volume）
・コストの削減（Decreasing Cost）
・差別化（Differentiating）
・業界の魅力度の向上（Improving Industry Attractiveness）
・リスクの平準化（Normalizing Risk）
・知識の創造と応用（Generating Knowledge）

販売数量の向上（A）とコストの削減（D）は価値向上の一部にしか過ぎません。それ以外にも4つの要素を考えるべきだと著者は主張しています。合計6つの要素、ADDINGという幅広い視野を持つことで、企業は価値向上の可能性を最大化できると言うのです。

本節では、テレビやスマホに使われるあるキーコンポーネントを製造する日系メーカーC社を取り上げます。このキーコンポーネントは、ハイエンドからローエンドまで幅が広く、韓国勢、台湾勢も市場に参入している状況にありました。C社は特にハイエンドの製品に強みを持っていました。また、家電メーカーの中にはこのキーコンポーネントを外から買わず、自社で内製し、さらには外販している企業も存在していました。

Dさんは C社の経営企画部に所属する中堅社員です。そして、C社の将来の成長に向け、グローバル展開を含む戦略の再構築という任を負っていました。このケーススタディでは、Dさんの思考プロセスをなぞりつつ、ADDINGの価値スコアカードに基づく分析からどのような示唆が見えてくるか、議論していきましょう。

◆戦略を再構築するためのステップ

A：販売数量の向上（Adding Volume）

当然のことながら、中国や韓国、米国の家電メーカーに販売できれば売上は拡大します。

しかし新たな課題も生まれてきます。例えば今後成長が期待できる中国の家電メーカーと取引しようとすると、ローエンドの汎用品も必要になるからです。

C社が強みを持つハイエンドの領域では、顧客である家電メーカーといっしょにじっくり製品を作りこんでいくのが普通です。一方、ローエンド汎用品の領域では、標準品が市場で取引されます。また、標準品の世界では強力な新興国メーカーが存在することも多々あります。

こう考えると、ハイエンドとローエンドではビジネスの肝は違うということにDさんは気付くことになります。グローバル展開の問題が、単なる規模拡大の問題として片付けられなくなってしまうのです。

D：コストの削減（Decreasing Cost）

次にコスト面です。規模拡大は固定費を薄め、製品1個当たりのコストを下げてくれます。ただ、そこで思考を止めるのは得策ではありません。例えば、設備の稼働率といった視点も重要です。規模を拡大していくと、生産設備間・地域間で作るものの組み合わせを変えて、稼動率を向上させる選択肢が広がるからです。

あるいは、タイミングも重要な要素になります。後手後手で投資すると市場拡大のメリットを享受できませんが、先手先手で投資すると先行者メリットを得ることができます。さらには、先行投資がC社の市場に対するコミットメントのシグナルとなり、他社が投資するか否かを検討する際の抑止力（参入障壁）にもなります。

D：差別化（Differentiating）

ハイエンドからローエンドまでのフルラインナップをそろえ、業界主要プレーヤーになると、新たな差別化の可能性も生まれてきます。例えば2社購買の1社になる確率も高くなります。それは以下のような論理です。このキーコンポーネントを内製・外販する家電メーカーは、他の家電メーカーにとっては競合他社です。できればその競合他社からキーコンポーネントを買いたくはないでしょう。C社が供給能力を拡大すれば、そういった需要をひっくり返していくこともできるということです。

あるいはハイエンドの技術をローエンド汎用品に組み込んでいくこともできます。そうすると、より良い標準品を他社に先駆けて生み出すことができるかもしれません。もちろん規模拡大は、新たな研究開発に対する投資余力も生み出し、技術をさらに先に進める可能性も見えてきます。

I：業界の魅力度の向上（Improving Industry Attractiveness）

もしC社のグローバル展開が成功し、このキーコンポーネントの業界の寡占度が高まると、業界全体の利益率が改善することも期待できます。多くの企業が乱立することによって引き起こされる供給過剰が収まり、過当競争の圧力が低下するからです。

また、業績が安定してくると他分野への成長も模索できるかもしれません。例えばＴＶやスマホにとどまらず、このキーコンポーネントを他の家電や自動車、あるいは機械などにも展開していくことが考えられます。

N：リスクの平準化（Normalizing Risk）

リスクの平準化の観点では、顧客の数が増えると個々の顧客企業のビジネス変動リスクを緩和できます。また、顧客の地理的な広がりは、地域ごとの経済動向や競争力の変化に対するリスクヘッジにもなります。

長期的な時間軸の中でのリスク軽減もできそうです。つまり、製品のライフサイクルが成熟してハイエンド需要が先細りになっても、ローエンド製品で売上を下支えすることが可能になるかもしれないからです。

Ｇ：知識（およびその他の経営資源）の創造と応用（Generating Konwledge）

ただ、ハイエンドに強みを持つC社が、グローバルに、かつローエンド汎用品にまで事業を展開しようとすると、新たに構築すべき能力もでてきます。これまでのように顧客企業である家電メーカーにしっかりとついていき、言われたスペックの製品をしっかりと作るだけでは不十分になるからです。

汎用品を扱うためには、市場の動きを読み、言われたものではなく、何が売れそうかを見極めるマーケティング能力が重要になります。また、投資の意思決定力も磨く必要性があるでしょう。

Ｄさんのチャレンジは、戦略の再構築にとどまることなく、新たな組織能力開発へと続くことになるのです。

グローバルに事業を拡大する際、単なる販売数量の拡大やコスト削減にとどまらず、ＡＤＩＮＧ価値スコアカードを参考にして事業展開のあり方を考えていくべきです。そうすることによって、いろいろな価値創造の可能性や、戦略・ビジネスモデルの進化の道が見えてくるからです。そして、それが「なぜグローバル化するのか」の答えになるのです。

4 インドに羊肉バーガー、フィリピンにマックスパゲティ——適応、集約、裁定を知る

著者のゲマワットは、今後数十年間、国ごとの差異を無視できるような世界が到来することはなく、セミ・グローバリゼーションの状態が続くと予想します。企業は今一度、その前提でグローバル戦略を再検討すべきだと説いています。その際、適応、集約、裁定の3つの要素に基づく戦略が大切になります。

1つ目の適応戦略は、国ごとの差異に順応し、イノベーションの創出やその移転を目指すことです。例えば、本書の邦題にある「コークの味」は実際に国ごとに異なります。マクドナルドではインドに羊肉バーガーがあり、フィリピンにマックスパゲティがあります。

一方、適応戦略ではモジュール化などの工夫によって多様化のコストを抑えることが鍵となります。それができなければ単なるローカル事業の寄せ集めになってしまうからです。適応戦略の推進には様々な国の文化を「心」で理解できる社員の育成が必要です。

2つ目の集約戦略は、国ごとの差異の中で類似するものを集約し、差異を克服しようとす

る考え方です。その際、「地域」という概念が大切になります。地域本部（ハブ）を作り、地域に根ざして動ける形を作るのです。国単位でなく地域単位であれば現実的なまとまりができるという考えがその根底にはあります。

3つ目の裁定戦略は国ごとの差異を積極活用する戦略です。裁定という考え方は最も古いクロスボーダー戦略と言えます。かつてヨーロッパではインドの数百倍の価格で香辛料が売れ、それで両地域の間で貿易が始まったのです。裁定戦略では生産側の裁定が重要になります。アウトプット先（市場）の差異ではなく、インプット元（生産）の差異をより積極活用すべきなのです。

セミ・グローバリゼーションの世界では、3つの戦略のうち少なくとも2つの戦略をうまく組み合わせることを目指すのが、より現実的だと言えます。

［ケーススタディ］

◆適応・集約・裁定（AAA）でグローバル戦略を再検討

セミ・グローバリゼーションの世界において価値創造を目指すための戦略が、適応・集約・裁定の戦略でした。これら3つの戦略の英単語Adaptation（適応）、Aggregation（集約）、Arbitrage（裁定）の頭文字をとって、その戦略はAAA戦略と呼ばれています。1つずつ丁寧に説明していきましょう。

A：適応戦略（Adaptation）

まずは国ごとの差異に「合わせる」という戦略です。これまでまったく存在しなかったニーズを新たに発掘しないかぎり、その国の顧客ニーズに適応していかなければモノやサービスは売れません。ゲマワットは冷蔵庫やオーブンの例を取り上げてそれを説明しています。以下本文からの抜粋です。

「冷蔵庫で言えば、アメリカ人と比較してドイツ人は肉の収納スペースが大きい製品を好み、イタリア人は野菜室専用室があるものを好み、インド人はベジタリアンもそうでない家庭も、においが混じらないような構造を望む。イギリスのオーヴンがドイツのオーヴンより大きいのは、クリスマスにイギリスでは七面鳥を食べるがドイツではガチョウを食べるためだ」

これら適応化を達成するためには、現地の文化を「頭」ではなく「心」で理解する社員が必要になります。その育成には大きな努力が必要です。トップダウンで組織風土を変革し、人材育成を実践した企業としてはサムスンを挙げることができます。サムスンは手厚い海外研修プログラムを長年にわたって継続していました。そして特筆すべきイベントでそれが花咲きます。

1993年、経営幹部150名がフランクフルトのホテルに集められました。そこでリー・クンヒ会長が午後8時から7時間ぶっ続けの講義を行ったのです。リー会長はサムスンを世界水準の企業にする必要性を説き、最後には「家族以外のすべてを変える」よう呼びかけました。このミーティングが結果的に企業文化の改革に火をつけることになりました。いまだにサムスン内でこの出来事は語り継がれているそうです。

ただしゲマワットは、必ずしも徹底的にすべてを合わせるべきと言っているわけではありません。適応不足に陥っている企業が多いのは事実ですが、過剰適応も禁物だからです。なぜなら、過剰適応は商品種類の氾濫、それによるマネジメントの複雑化、コスト増につながるからです。

A：集約戦略（Aggregation）

2つ目は集約戦略です。この考え方は、国ごとの差異の中に共通点を見つけ集約することによって、国の範囲を超えた規模の経済を追求しようとするのがポイントです。その際もっとも重要なのが「地域」です。

第2次世界大戦後の国際貿易の拡大に大きく寄与したのは、地域間貿易ではなく、西欧やアメリカ、アジア・オセアニアといった地域の中の域内貿易でした。また、フォーチュン500の中の多くの企業では、地域内での売上高が50％以上でした。経済活動、企業活動ともに地域レベルでの活動が主たるウェイトを占めていたのです。

地域の担う役割はグローバルでの事業の進展とともに進化していくべきです。例えば、地域における事業が「面」で立ち上がってくると、地域全体での支援機能の標準化・集約化の効果が期待できます。最近、SSC（シェアード・サービス・センター：Shared Service Center）が多くの企業で導入されるようになりました。地域内の後方支援業務を集約して効率化を図る試みです。例えばシーメンスは、欧州全域の勘定や財務処理等の業務をポルトガルとトルコに集約しています。

次に、地域の役割がCOE（センター・オブ・エクセレンス：Center of Excellence）化することです。それぞれの地域が、グローバル全体の事業に対してなんらかの役割を果たすようにするのです。例えば、ある製品の開発・生産は東南アジアが担い、研究開発と知財の管理は米国で行うといった地域間分業体制の確立です。前述のSSCの例で言えば、GEは会計やデータベース管理等の後方支援業務を、人件費や多言語人材の観点からハンガリーに

表8-1　CAGE、ADDING、AAAのまとめ

CAGE	ADDING	AAA
・文化的（Cultural） ・制度的（Administrative/Political） ・地理的（Geographical） ・経済的（Economical）	・販売数量の向上（Adding Volume） ・コストの削減（Decreasing Cost） ・差別化（Differentiating） ・業界の魅力度の向上（Improving Industry Attractiveness） ・リスクの平準化（Normalizing Risk） ・知識の創造と応用（Generating Knowledge）	・適応戦略（Adaptation） ・集約戦略（Aggregation） ・裁定戦略（Arbitrage）

集約し、そのハンガリー拠点が今ではこの種の業務のグローバル拠点になってしまいました。このように地域という切り口は集約戦略をつくるうえで重要なくくりになるのです。

A：裁定戦略（Arbitrage）

3つ目は裁定戦略です。この裁定という考え方においては、第2節のケーススタディで紹介したCAGE（文化、制度、地理、経済）の視点から多様な価値創造の機会が生まれてきます。

例えば、フランスという国の持つイメージは、香水や化粧品、ワインや食品などのフランス企業に文化的な裁定機会を与えています。制度的な裁定機会の最たるものは各国の法人税の差の活用でしょう。地理的な要素は裁定

に適さないと考えられがちですが、運輸関係の企業はすべてこの地理的な裁定の恩恵を受けていると言うことができます。経済的な裁定は、ウォルマート・ストアーズの中国からの調達や、エンブラエルのブラジルにおける安い人件費の活用の例などで既に述べたとおりです。裁定機会に目を向けないのは企業にとって非常にもったいないことなのです。

◆ゲマワットのクロスボーダー戦略の全体像

セミ・グローバリゼーションの世界における企業戦略の再検討について本章では議論してきました。最後にゲマワットの枠組みの全体像についておさらいしましょう。

出発点は国ごとの差異をちゃんと認識することにありました（ＣＡＧＥ）。次にその差異に基づいてどう価値創造をするかを考えます（ＡＤＤＩＮＧ）。そして、それを戦略に落とし込む際に重要になるのがＡＡＡ戦略です。これらを一覧表にすると表8－1のように整理することができます。

9

『なぜこの店で買ってしまうのか』パコ・アンダーヒル著

――答えは小売りの現場にある

岸田雅裕（A・T・カーニー）

なぜこの店で買ってしまうのか――ショッピングの科学／Why We Buy : The Science Of Shopping　原著の初版は 1999 年、2008 年に新版発行　Updated and Revised for the Internet, the Global Consumer, and Beyond
パコ・アンダーヒル（Paco Underhill）著
邦訳：早川書房 NF 文庫、2014 年／鈴木主税・福井昌子訳

1　小売りの解は現場に——買い物客を観察し不便を知る

『なぜこの店で買ってしまうのか』はショッピングの科学を論じた本です。1999年に米国でベストセラーとなり、2008年にはインターネットに言及した新版が出ました。消費者が製品を手に取る現場について理解を深めることは小売業者にとどまらず、製造業に携わる人にも役立つでしょう。

ショッピングの科学とは「調査、比較、分析を通して商店や商品を買い物客により適合させるための高度に実践的な学問」で、「都会の文化人類学者のツールを利用して、ショッピング環境への人びとのかかわりを研究してはどうか」という著者のアイデアから生まれました。店舗での消費者行動をビデオカメラで撮影、分析もしますが、基本はトラッカー（追跡者）が、買い物客を尾行し、行動を逐一記録することにあります。

マーケティングはブランド・ロイヤルティーの重要性や広告でどうメッセージを届けるかについてアイデアを提供してきました。しかし、現在では多くの購買決定が店頭でなされるようになり、ブランド・ロイヤルティーや広告宣伝効果の低下が顕著になっています。今ではショッパーズ・マーケティングの重要性は広く認知されていますが、「ショッピングの科学」はその嚆矢《こうし》と言えるでしょう。

「買い物客は店にいる時間が長くなればなるほどたくさん買う。客が店内に滞留する時間は、その場がいかに快適で楽しいかによる」とあり、ショッピングの科学を3段階で論じています。第1段階は快適な店づくりのための人間に共通する特徴への配慮。第2段階は性別や年齢によって行動パターンが違うことへの理解。最後は買い物に際し何が最大の誘因となるかを探ることです。

過去の分析の多くは供給者視点でした。本書は買い物客視点で書かれています。経営書というと戦略、組織などを論じがちですが、消費者、買い物客、顧客に対する想像力が働かないと、具体的な仮説が描けません。

[ケーススタディ]

◆店内で買い物客の行動をとことん観察

本書でショッピングの科学の基本技と位置づけられるトラッカーは、買い物客のリサーチャーです。基本は、トラックシートに買い物客の特徴と店内での行動とその意味についてびっしりと書き込みます。難しいのは、人に気づかれないように近づき、観察しながらメモを取ることです。買い物客の背後ではなく横に立つと、買い物を邪魔せず、行動を間近に見ることができるといいます。

著者によれば、トラッカーは簡単には務まらないとのことですが、どのくらい難しいのか、また、本書に提示されていることがどの程度有用なのか、実地検証してみました。

～ユニクロ大型店での買い物客観察メモ～

本書の事例から抽出したポイントをチェックできるよう、手のひらサイズのメモ帳と短い鉛筆をポケットに忍ばせて、ユニクロの大型店舗を訪れ、買い物客を観察してみました。

■メモ1

黒いスウェードのジャンパーとジーンズ姿の60代と思われる男性。正午に入店し、まっすぐメンズ売り場に向かう。階段を上った左手にある買い物かごをとり、そのままレジ近くにある黒いヒートテック・マフラーをラックから外して値札を一瞥《いちべつ》してかごに入れた。

その後、フロア中央付近にあるカシミヤのセーターのラックに行く。下段でハンガーに掛かっている4着と、上段に折り畳まれている12着すべてを片手に取り、触れてみて、サイズを確かめた。他の客が同じセーターに触れ始めた時、一度横によけたが、その客が去るとまたラックの正面に戻って吟味する。その後、別のカップル客が同じ棚の商品を見にやって来たので、男性客は少し横にずれた。のべ7分間を費やした上で、結局セーターは買わず、レジに行き、最初に選んだマフラーの支払いをした。その際、レジ係と一言二言言葉を交わしていた。12時15分に店を出た。

■メモ2

12時25分、40代の夫婦と思われる一組が、メンズ売り場にやって来た。買い物かごを手に取り、女性がヒートテックのアンダーウエアの上下のサイズを確かめながら2セットかごに入れた。その後、ヒートテックのTシャツを色違いで3枚かごにいれた。

この間、男性は1人でパーカーのラック前で、色とサイズを確認していた。やがて女性が男性に合流し、畳んで積み上げてあった中から3色を取り出して、男性に袖を通してみるように勧めた。男性が一言二言言うと、女性は持っていた買い物かごを床に置き、男性が着ていた上着を預かって、パーカーに手を通すのを手伝った。男性は、2着に手を通した後、1つを買い物かごに入れて、残りを軽く折り畳んで棚に戻した。買い物かごを一杯にした2人はレジに向かった。この時、12時50分。

リサーチしたのはたった1時間でしたが、確かになかなか手ごわいという感想でした。気づかれないよう観察することもさることながら、観察と同時に「なぜそのような行動をとったのか」を考えると、脳の普段使ってない部分を使うようで結構な疲れを感じました。特に最初の男性客がなぜセーターを買わなかったのか。このセーターはチラシ掲載商品だったので、買う気で店に来て手に取ったはずです。しかも、サイズも色バリエーションもそろっていたのです。

◆リサーチ結果から「買うのをやめた」理由を探る

本書の前半に書かれているチェックポイントに沿って、右記ケースで商品が売れるための改善点を考えてみます。

> **～手の問題～**
> 客は手がふさがっていた場合、その（買うという）判断をするところまでいかない
> **～買い物かご設置場所～**
> かごは店内全体に、買い物客が必要としそうな場所にはどこにでも分散させておくべき

メンズフロアを訪れた客のうち、買い物かごを手に取ったのは4割程度。買い物かごを取った人は、ほどなく何かをかごに入れています。かごを持たないまま、3〜4点までは商品を片手で持って買い物を続けている人もいましたが、片手でハンガーを外すなど不便そうでした。そこまで来て買い物かごを手に取るためには、階段近くの置き場まで戻るしかなさそうでした。

買い物かごは売り上げ向上、具体的には買い上げ点数の増加に直結します。スペースの有無など店舗ごとに事情は異なるでしょうが、やはり改善策として、かごを店内全体に分散させておくことです。これは極めて基本的なアイデアですが、ユニクロのように「当たり前のことを徹底する」ことで実績を上げている企業であっても、売り場によってはまだ改善の余地があるわけです。

あるいは本書にある米国のオールドネイビーの例のように、入り口で全員に買い物トートバッグを渡して、気に入ったらそれもレジで買ってもらうというのもよい方法でしょう。

パーカーなどその場で試着してみたい商品のラックで、通路幅が狭い場合、だれか1人でもその前に客がいると、他の客が遠慮して一旦その場を離れてしまう様子が何度も観察されました。特に、片手に別の商品を持っている人はその傾向が強いようです。また、秋冬など厚着をしている季節は、上着を一度脱いでから袖を通すことになるので、脱いだ自分の服や荷物を置く適当な場所がないために、床に自分の服を置いて、急いでサイズを確かめている人も見かけました。

改善点としては、ラックの間の距離を、その場で羽織ってみる必要があるアイテムに合わせて広めにすることでしょう。加えて、脱いだコートや上着を自然に置ける台と鏡を置いたら、もっと心地よく買い物を続けてもらえるはずです。

もちろん適切な通路幅の設定は簡単ではありません。通路が広すぎるとスカスカの売り場に見えてしまい、「流行っていない」印象を与え、店舗の魅力が落ちてしまいます。また通路幅を広げると、店頭での陳列商品数が減ることになり、機会損失にもなり得ます。そこで、例えば通路幅を一定にするのではなく、「冬場で脱ぎ着が発生する商品については広めの通路幅を取る」などの細かい施策はトライするに値するでしょう。

2 「買い物環境」を整える——我慢させず退屈させず

ショッピングの科学の第1原則は、買い物客は皆同じ人間で、性別や年齢などの相違点よりも共通点が多いということです。ショッピング環境を整える側がそのことを認識せず、対応し損ねている場合が往々にしてあると言います。

手で持てる量、移動中に読める文字数の限度など基本的な事柄が買い物を決定しているのに、ショッピング環境を企画する人はそれらを無視し、自己本位に考えがちだと本書は指摘します。

この本が取り上げている事例は、読んでしまえば「そりゃ常識でしょう」というものが多数です。例えば、入り口からしばらくは移行ゾーンで、お客はまだ買う準備ができていないこと。「買い物客が商品を見るとされているゾーンは、目の高さよりも少し上から膝の高さまでである」こと。「もし顧客が平均2週間ごとに来店するなら、ウインドーやディスプレーをその頻度で変える必要がある」ことなどです。

しかし、今も買い物客がショッピング環境に満足せず、我慢しているのはなぜでしょうか。旧来の固定観念にとらわれたり、経営的な数値目標に追われたりして、「自分が買い物客だったら、どうしてもらえば買ってしまうのか」という想像力に欠けているのではないでしょうか。

著者は店内掲示や案内は「3次元のテレビコマーシャル、言葉や思考やメッセージやアイデアを詰め込んだウォークイン・コンテナ」で、「コマーシャルの脚本、監督と同じく、問題は何を、いつ、どのように言うか」が重要と言います。

店舗内にソファを置き立ち読みも歓迎したバーンズ・アンド・ノーブルは全米最大の書店チェーンになり、アマゾン・ドット・コムが急成長した今も頑張っています。日本でも店内カフェを導入した書店は人気です。買い物客のニーズに応える柔軟性の大切さが証明された例です。小売業や飲食業に限らず、銀行などもその点は同じです。

［ケーススタディ］

◆POSでわかるのは「売れた商品」のことだけ

本節でも買い物客のリサーチャー体験を続けます。ところで、ビッグデータの時代と言われる今、買い物客のリサーチに意味があるのでしょうか。

商品の販売実績データは、何十年も前からPOS（販売時点情報管理）システムで把握できています。ポイントカードと組み合わせれば、顧客属性と関連づけた分析も可能です。さらに今では、店頭での買い物客の一挙手一投足を記録し、「ある商品は手に取られるが棚に戻される確率が高い」とか、「ブランドAとブランドBで比較購買されることが何％の確率で起こり、ブランドAが最終的に買い物かごに入れられる勝率は何％」ということまでわかるシステムが実験導入されています。

であれば、そういうシステムに任せておけばよいのではないか、という疑問が湧くでしょう。システムならば、人力と違って24時間365日の自動記録や分析の自動プログラミングも可能だからです。

しかし、POSデータをいくら分析しても「売れた商品」についてしかわかりません。また、膨大に蓄積されるデータからどのような分析をしたら有効な手段に結びつくのかという仮説は、実際に売り場を熟知していないと簡単には導き出せません。その時に有効な方法の1つが、買い物客のリサーチや観察をして、「なぜ買わなかったか」を考え抜き、脳のシナプスがつながった経験だと筆者は考えます。リサーチは、いわば「筋の良い仮説」を出すための、いわば筋トレのようなものです。

◆ファストフード業界はコミュニケーションの達人

さて、本節の買い物客リサーチは、店内コミュニケーションに着目してみます。

著者によれば「ファストフード業界ほど掲示や案内を研究しているところはない」そうで

す。ファミリーレストランとファストフード店を比べると「ファミリーレストランでは、テーブルテント（訳注　卓上店頭販促（ＰＯＰ）のこと。ボール紙の三角形の囲いで、塩とコショウをまとめて置くもの。囲いの部分に様々な情報が掲載されている）を読む客は２％で、ファストフード店では25％だった。劇的な差だが、理由は簡単。ファミリーレストランの客は、２人から４人（あるいは家族）連れが多い。おしゃべりに夢中でメッセージに気づかない。だが、ファストフード店の典型的な客は１人で食べる。死ぬほど気晴らしを求めているので、ぎっしりと文字が書かれたトレーの下敷きに読みふけり、スティーブン・キングの新刊の第一章でも印刷されていればそれも読んでしまうだろう……。ファストフード店の座席では、よそだったら見向きもされないメッセージも読まれること請け合いだ」。

さて、この記述は今から15年以上前の米国でのもの。今の日本でもそうなのでしょうか？

筆者は日曜日の午後、マクドナルドの大型店舗を訪れました。１階のカウンターで注文し、商品を載せたトレーを持って階段で２階に上がると、かなり混雑していました。席を立つ人を探しながら店内を回り、やっとフロアの半分が見渡せる席を見つけて、来店客を数えてみました。店内の半分のエリアに、１人客23人、２人連れ５組10人、３人連れ４組12人、４人連れ１組４人、合計49人です。そのうち、パソコンを開けていた客15人、スマートフォンをいじっていた客14人。3人連れ以上にパソコン及びスマートフォンを使っていた人はいなかったので、1人客と2人連れの89%がパソコンかスマートフォンを使っていたことになります。

フロアを見渡すと、何のメッセージもありませんでした。机の上にも何もなし。トレーの下敷きは表面がアルバイト募集など自社情報、次のキャンペーンのクーポンチラシだけ。この店にいる客は「死ぬほど気晴らしを求めている」のかもしれないけれど、インターネットにつながることで満たされているので、もはやテーブルテントも店内の掲示板も不要のようです。むしろ、どうぞインターネットでそれぞれの世界をお過ごしくださいという価値をコミュニケートしていると考えます。

トレーの下敷きは誰も見ていなかったようですが、マクドナルドの集客力を享受したいと思っている近隣の店舗とのコラボレーションの可能性があると思います。トレーを広告媒体にして他店の情報を提供する代わりに、当該店舗から一定の収入を得るビジネスはあり得るでしょう。

◆「体感待ち時間」を縮めるカギは公平性

さて第1節と同様、この店舗に改善可能な点がないか考えてみましょう。**待ち時間の問題**：「買い物客がサービス面について評価を下す材料はただ一つ、待ち時間である」「不確実性を取り除けば、体感時間を短くすることができるのだ」

ファストフード店では、列の長さを見て並ぶかどうかを客が許容範囲かどうかを判断し、待つ間にメニューを読んでどれにするか考えます。スマートフォンがあれば、長い待ち時間も「縮める」ことができます。問題は、商品をトレーに載せて空きそうな席を見つけてさまよう時間。着席して食べるまでは、客にとっては待ち時間です。

食べ終えそうな先客に早く席を空けてほしいと目力でシグナルを送ったり、後からフロアに入ってきた客がたまたま近くに空いた席に体をすべり込ませるのを見て舌打ちしたりすることは、待ち時間の長さ以上にストレスになります。

先着順に席に着けることが確認できれば、客は安心し、トータルでの「待ち時間」も短く感じるはずです。カウンターでトレーを受け取った客は列に並んで、案内係が先に空いた席に先着順に誘導する方式を導入した方がよいと思います。トレーで両手がふさがっている客はスマートフォンも使えず、案内係の一言が大きな助けになるはずです。

混雑時に案内係を置く人件費を考えると費用対効果が懸念されますが、恐らく1日のうち1時間程度のことと思います。不愉快な経験をした客がその記憶を忘れるまで二度と来ないというロスを考えると、トライしてみる価値はあると思います。

優れた小売業、外食業の経営者は、お客の目線で見たディテールに注目し、新しいアイデアに生かしています。1つひとつの発見を「きちんと面白がれる」かどうかが、重要な資質のようです。

3 ネットに負けない店舗――決め手は「顧客に感動」

ショッピングの科学の第2原則は、性別、年齢、収入、家族構成の相違により、同じ環境下でも買い物客が示す反応は違うという点です。『なぜこの店で買ってしまうのか』は、男女差や年齢が生む店内行動の統計的な差異に着目し、買い物客がどう変わったか、その変化が買い物にどう反映しているかを論じています。

男女の店内での行動の違いについて。女性はゆったりと店内を歩きまわり、商品を手に取り、品質や値段を比較する。販売員に質問することをいとわず、試着後であっても購入しないことが多い。一方、男性はお目当てのモノが見つからなければ、あきらめて店を出る。女性は86％が買い物する時に値段を見るが、男性は72％。男性は女性よりも提案に弱い。どうでしょう、皆さんにも当てはまりますか。

ただし、男女の社会的役割の変化に伴い、男性がベビーカーを押して買い物フロアで過ごす時間も増えています。女性も働く時間が伸びるにつれ、せかせかと1つを選ぶやり方に変化しています。この傾向は日本でも見られます。

次に年齢について。70歳の女性たちは、かつての50歳のころと同じような若々しい容姿や気分を満喫しているのに、売り場や商品のデザインはそれに合っていないと報告しています。視力は40歳前後で衰え始めるため、アクティブなシニアにとって商品の文字が小さすぎて読めないといったことが起きています。教養の高い客ほどラベルや箱、瓶の表示で買うか買わないかを判断するので、文字が読めないことは機会損失に結びついているでしょう。

性差、年齢差の部分は、日本と米国では差異があるかもしれません。ただ、「子供が歓迎されない店では、親がそれを察して背を向ける」というくだりは、あまり日米欧で差がないようです。日本のイケアで託児サービスが好評なことからわかるように、子供が大人のショッピングに及ぼす影響は無視できません。

［ケーススタディ］

◆女性客に同伴の男性を退屈させない仕掛けとは

「人間が何かを買う必要があるときだけ店に入るのだとしたら、そして店では必要なものだけしか買わないのだとしたら、経済は破綻するだろう」と著者は言います。インターネットショッピングが定着した今日、店から見ると事態は悪化していて、必要なものさえ店で買わない人が増えています。ネットで検索してネットで購入完了というパターンや、ネットで情報を得て店で実際の品物をチェックするものの、購入はネットというパターンが増えています。店で品物をチェックして、実際に店で購入するものは限られてきているのかもしれません。

そんな中、男性客がその機会をさらに奪いかねない障害になっています。男性客についての従来の常識は、「男はあまり買い物が好きではない、だからあまり買い物をしない。女性の買い物に男をつきあわせるのに一苦労する」というものです。これは日本でも、また、比較的若い世代にも当てはまるように思います。

「女性は男性と一緒に店に来ると、自分一人だけのときや他の女性と一緒のとき、子供を連れているときよりも滞店時間が短くなる」そうで、米国の家庭用品のナショナルチェーン店で実施した調査の結果では、女性2人の場合＝8分15秒、子供連れの女性の場合＝7分19秒、女性1人の場合＝5分2秒、女性と男性の2人の場合＝4分41秒となっています。

この結果を著者は次のように解説します。「女性が2人で買い物すると、思い切りおしゃべりをしたり、助言しあったり、提案したり、相談したりするため、時間がかかる。子供と一緒の場合は、子供が迷子になったり不機嫌になったりしないようにと、神経を使う。女性1人のときはもっとも効率よく時間を使える。だが、男性と一緒だと男性は露骨に退屈した様子で、いまにも店を出て車に座ってラジオを聴くか、通りに立って女の子でも眺めそうだ」と。

私の妻に聞いても、周りの女性社員に尋ねても、男性と一緒だと「買い物している間ずっと落ち着かず、せきたてられているような気分になる」と答えます。もし、男性に退屈しない何かを与えることができれば、女性はもっと楽しく、リラックスして買い物でき、買い物にかける時間が増えて、購入金額も増えると思います。特に今どき、ネットではなくリアル店舗で購入する場合の1つが、結婚や出産といったライフステージの変化に伴う高額アイテムの買い物だとしたら、男性対策は大変重要です。

高額アイテムの買い物の場で男性の退屈感を減らして女性にゆっくり買い物をしてもらう

方法の1つは、「受動的拘束」といって、座り心地の良い椅子を置いて大画面テレビでスポーツや趣味の番組などを流しておくといった方法です。日本でも、お店にソファが置かれて、男性がそれに座って待っているという光景は増えました。しかし、もう一歩進めて、何らかの方法で男性を買い物に巻き込んでいくことで、さらに大きな効果を得られるやり方もあります。

◆男性が主役になれる舞台のある食器店

著者が示した例は、少し値が張る食器をまとめ買いする場面です。ライフステージの変化やそれに伴う家の購入や引っ越しに伴って、食器を一新するような場合を想定すれば、読者の皆さんにも起こり得るシーンだと思います。「ここの客はたいてい気に入った柄のセットの全部をそろえるが、それにはディナープレート、コーヒーカップ、からし入れ、プランター、ナプキンリングなどおびただしい数がある。この店での買い物はひどく時間がかかり、品物を一つ一つレジ打ちして、壊れないように包装されるまで待つのは、たいていの男にとっては気が変になりそうな状況である」。いかがでしょう、容易に想像できそうな場面ですね。著者にも同様の経験があり、「早く済ませろよ」というオーラを出していた記憶があります。

買い物客リサーチャーである著者は続けます。「あるとき、2人の男がビアグラスのほうへフラフラと向かったが、1人がグラスを取り上げ、反対の手で想像上のビールのタップをつまみ、ビールを注ぐかのようにグラスを傾けた。そこで私は考えた。そうだ、当然ではないか。食事の集まりがあって、妻がキッチンで料理するあいだ夫は何をするのか？ 飲み物を用意する。それは社会的に受け入れられた夫の役割だ。だから、彼はバーテンダーのあらゆる道具に興味をもつようになる」

著者は、その食器販売店に、ガラス食器をすべてバー用品売り場にまとめることを提案しました。「壁には何か大きな写真、例えば男性がビールを注いでいるところや、しゃれたクロムのシェーカーでマティニを作っている写真などを掲げる。男たちが寄ってきて、自分たちのためのコーナーだと感じ、買い物ができる場所だ。たとえば、あらゆるボトルオープナーをここに置く。男は自分で読んで情報を得るのが好きだから、そこにはどのタイプのグラスを何に使うかを示した表を貼りだすとよい。大きなバルーングラス、ロングステム、フルートグラス、ロックグラス、ビールのジョッキなど」

今どき、わざわざ店舗に出向いて買い物をしようとしてくれる場面は、大変貴重なのです。

そこには、なんらかの発見がなければ、店舗販売の価値はありません。ディスカバリーがあれば、「商売の邪魔で、本命客の足手まといと見なされていた男どもを顧客に変えることができる」し、彼らも胸を躍らせながらお金を払ってくれるのです。

4　接客の極意は柔道に——お試しで自然に転がす

本書が説くショッピングの科学の第3原則は、買い物客自身の勢いを逆手にとって、買う気にさせることです。相手の力を利用して投げる柔道のようにです。暗黙のうちにお客の好みや欲求を利用し、思いがけない方向に導くことが重要です。

そのためには手に取ってみたい、試着してみたいという気持ちにさせることが不可欠となります。商品にじかに触れたり、聞いたり、においをかいだりすることが衝動買いを誘発するのです。

感触や試用を重視する買い物客に対して、どう働きかけるのか。著者はショッピングの科学は自然科学と社会科学、それに芸術的な要素から成り立っているとし、その例を挙げています。その1つが試着室。多くの衣料品店の調査では、店員とお客が話すとその商品を買う確率は1・5倍になり、お客が試着室を利用した場合にはそれが2倍になると言います。

しかし、多くの店は試着室をせいぜい公営プールの更衣室並みにしか見ていないようです。試着は買い手があと一歩で心を決める大事な一瞬なのです。もし、特別なディナーの席で着ようとする服ならば、同行者とテーブルに座った感じを味わえるように試着室をセッティングし、生け花を飾れば、より雰囲気が高められるはずです。

お客の買いたいという気持ちを盛り上げて買ってもらえば、販売員が押し付けがましくしなくても売れるわけです。

最後になぜこの本を取り上げたのかをお伝えします。本書に書かれているように、その内容は常識的な事柄ばかりです。しかし、戦略を描いただけでは競合に勝ち、顧客の信頼を獲得することはできません。顧客の購入経験をどう心地よいものにするかというオペレーションまで考え抜くことが重要なのです。

「神は細部に宿る」のだと思いますが、本書は買い物客のリサーチを通じて、細部に迫る視点を提供してくれます。

［ケーススタディ］

◆マットレス販売店——生活シーンの演出が決め手に

試用の重要性について、もう少し深く検討してみましょう。今どき店に来て買うのは値が張るモノであることが多いので、とりわけ、消費者の「感覚的欲求」に応えて比較検討する機会を提供することが重要です。「商品を比べる基準がわからないと、客は一般に安いほうを買おうとする。だが、店がほんの少しでも知識を与えるようにすれば、一部の買い物客は必要以上の金額を支払うようになる。3つのブランド、3つの選択肢があり、それぞれを比べる機会があれば、客は少なくともよりよいものを選ぼうとするはずだ」と著者は断言しています。

その例として著者は、マットレス販売店の例を挙げています。「たいていはむきだしのベッドが店内にずらりと並び、客がすみずみまでチェックしてくれるのを待ちかまえている。マットレスの値段は千差万別だが、400ドルのマットレスでも2000ドルのマットレスでも、在庫管理には同じ費用がかかる。5人に1人の割合で客をつかまえて最初は安いマットトを試してもらい、徐々にグレードアップさせていけば上出来だ」

では、お店を訪れたお客に徐々に商品をグレードアップしてもらうには、どうしたらよいのでしょうか。私自身、最近マットレスを買う機会があり、2つの店に行って異なる体験をしたので、このケースを例にとって述べてみましょう。

初めに訪ねたのは、多数のメーカーのマットレスを扱う大型の家具店でした。そこで体験したのは、まさにこの本の記述のようなものでした。シーツのないベッドがずらっと並び、販売員からずっとつきっきりで説明を受け、明るい照明の下で、販売員の言葉に従って横になるのを繰り返しました。マットレスごとの硬さ、体の沈み具合の差は体感できましたが、実際に使った感じはわかりませんでした。

もう1つは、自社のマットレスのみを扱うお店で、そこのベッドにはシーツが掛けられており、大半のマットレスは少し照明を落として寝室のような雰囲気を醸し出した場所に設置されていました。販売員は最初に比較しながら説明した後、あとは我々夫婦だけにしてくれて、それから枕もいくつかの高さ、形、硬さのものを持ってきてくれました。我々は枕をとっかえひっかえしながら、寝心地をイメージすることができました。

どちらで買ったかは一目瞭然です。このメーカーのマットレスは、大型の家具店でも扱っていたのですが、そこではまったく買おうという選択肢にさえ入っていなかったのです。

「良い店の接客は柔道に似ている」の例えを借りるなら、最初の家具店の柔道は、力任せに組み伏せようとする格闘技でしかなかったのでしょう。これに比べて後者は、枕やシーツの感触を味わっているうちに我々が自ら買う気になりました。まさに、柔道で相手に向かっていく勢いをそのまま生かして一本を決められたようなものです。

◆ジョブズの技が買う気にさせるアップルストア

このようにうまい柔道をとる、過去10年で最も優れたお店は何かと問われたらアップルストアだと思います。ここでは、五感を通してアップルの商品に接することができます。アップルストアに入ってくるお客は、そもそも何かを買いたいと思いながら入ってくるのだと思いますが、そこでのお店や販売員とお客の関係は柔道のような仕掛けがいっぱいです。

うまい柔道をとる店には3つの要素、すなわち、店舗設計、品ぞろえ、従業員による運営ががっちりつながっているといいます。アップルストアに入っていくと、「効果」「技あり」「一本」という感じです。

まず、遠くからでも一目でそれとわかるアップルのロゴが入った店舗外装。店に入ると、製品のデザインの延長にある禅寺のような簡素な内装と、お客が触って感じることを最大化する導線。そして、お客によって異なる距離感に合わせてその体験が最大になるように導いてくれるスタッフ。

写真を整理してアルバムを作りたいと思っていると伝えれば、タブロイド端末の「iPad」とパソコンの「Mac」で何ができるのかをガイドしてくれます。まるで個人ツアーのガイドのようです。買った後に、またガイドに会いたくて、お金を払って「One to Oneメンバーシップ」に入ったりもします。

第1節で「消費者が製品を手に取る現場について理解を深めることは小売業者にとどまらず、製造業に携わる人にも役立つでしょう」と書きましたが、アップルストアで消費者はそのブランドを体験しているのです。スティーブ・ジョブズはそこまで自社製品の届けられ方の細部にまでこだわっていたのです。

もっとも「ショッピングの科学における真実は移ろいやすいものだ。人間を分析するうえでの基本的な部分はだいたい変わらないが、店舗そのもの、そして客の好みや行動は常に進化しつづけている」と著者が指摘するように、スマートフォンとタブレットが万人に普及しようとしている今、アップルストアもずっと同じことをしていたのでは、今の地位を保つことはできないでしょう。顧客視点で心地よい体験をどうすれば提供できるかを常に考えつづけ、実現する努力が必要なのです。

10

『予想どおりに不合理』

ダン・アリエリー著

——人間の「不合理性」は「可能性」でもある

清水勝彦（慶應義塾大学）

予想どおりに不合理——行動経済学が明かす「あなたがそれを選ぶわけ」／Predictably Irrational：The Hidden Forces That Shape Our Decisions　初版は2008年、増補版は2009年に刊行
ダン・アリエリー（Dan Ariely）著
邦訳（増補版）：早川書房NF文庫、2013年／熊谷淳子訳

1　人間は不合理――そこに成長の可能性

『予想どおりに不合理』は米デューク大学のダン・アリエリー教授が行動経済学をもとに人間の行動に潜む不合理さに分かりやすく光をあてた1冊です。

現実には「人間は不合理だ」と言っても驚く人はあまりいないでしょう。自分の会社を見れば、不合理、理不尽だと思われることはたくさんあるからです。しかし、経営や組織マネジメントを考えるということになると、急に「合理的」であることを前提に考えます。その最たるものが、従来の経済学の「人間の決断は全ての情報を勘案した上での合理的なものである」という仮定です。そもそも行動経済学が注目されるのは、いかにそうした仮定が現実と乖離《かいり》していたかの証拠かもしれません。

なぜ、合理的なつもりで、不合理になってしまうのでしょうか。アリエリーはまず、我々の多くが「自分が下す決断も自分が進む人生の進路も、最終的に自分でコントロールしていると考える」と説明します。そう感じるのは「現実というより願望――自分をどんな人間だと思いたいか――によるところが大きい」と指摘します。つまり、目の錯覚のように「決断の錯覚」によって「自分がなんの力で動かされているかほとんどわかっていない」と結論づけるのです。

実は「不合理」であることは必ずしも悪いことではありません。「合理的」であることは「確実なことしかやらない」につながり、効率ばかりを重視することになりがちです。合理的でないこと、例えば「リスクをかけて新しいことをやる」から楽しいのであり、「できないこと」を達成するから成長があるのです。

その意味で、人間の不合理性をただ「悪」あるいは「未熟」として忌み嫌うのではなく、よりよく知ることが必要です。それは経営においても、マーケティングにおいても、あるいは個人の生き方においてもそうでしょう。人間は愚かである分、可能性にあふれてもいるのです。

[ケーススタディ]

◆何万もの人が困っていたら、あなたは助けるか

米国では心理学、行動経済学、経営学などの様々な分野で、人間の意思決定や行動に関わる「不合理」「非合理」の研究が進んでおり、ダン・アリエリーの『予想どおりに不合理』

以外にも毎年読みやすい書籍が次々と出版されています。日本語に訳され、売れる本は限られているらしいですが、人間の面白さを知るのは何も小説だけではありません。もっとこうした本が訳され、読まれればよいと思います。

様々な不合理については、次節以降も触れていきますが、本節では著者の続編『不合理だからすべてがうまくいく』にもある「感情と共感について」つまり「なぜ私たちは困っている1人は助けるのに、おおぜいを助けようとしないのか」という点を考えてみます。

時々ニュースでも、例えば生まれながらにして重い疾患を患う○○ちゃんの米国での手術のために、いくらいくらが寄付として集まったというような話が報道されます。一方で、同じニュースで、アフリカで栄養失調の子供が何万人もいるといった話が出ますが、それに対して大金が集まったという話はあまり聞きません（実際にはいろいろな寄付活動は行われているとは思いますが）。

こうしたことを言われると、改めて考えてしまう人は多いのではないでしょうか。そうした身近な例を指摘しながら、「1人の死は悲劇だ。しかし100万人の死は、統計上の数字にすぎない」というスターリンの言葉、さらには「顔のない集団を前にしても、私は行動を起こさないでしょう。1人ひとりが相手だからこそ、行動できるのです」というマザー・テレサの言葉をアリエリーは紹介しています。

アリエリーはこれを「顔のある犠牲者効果」と呼び、実験でも「顔があるかないか」で、寄付金の集まり方が大きく差がついたという結果を示します。なぜでしょうか。

◆「顔のある犠牲者効果」の根本にあるもの

この根本にあるのは「感情移入」です。つまり、より身近で親近感があるかどうか、ビビッドで心に訴えかけるかどうか、そして自分の行動が助けになるかどうか（逆に、おおいの時はあまり助けにならないため「焼け石に水」と思ってしまう）によって、行動が変わるのです。正しいかどうか、合理的かどうかとは関係なく。

少し違いますが、今から約500年も昔にマキャベリは『政略論』で「人は大局の判断を迫られた場合は誤りを犯しやすいが、個々のこととなると、意外に正確な判断を下すものである」、したがって「大局的な事柄の判断を民衆に求める場合、総論を展開するのではなく、個々の身近な事柄に分解して説得すればよい」と指摘しています。

これは主に「理解」の問題で、「感情移入」とはちょっと違うかもしれません。ただ、どんなに正しいこと、合理的なことを言っても、「分かってもらえなければ」「伝わらなければ」何の意味もないということでは同じです。逆に言えば、メッセージは受け手の「想像力」を刺激することがなければ、人は動かないのです。どんなに理屈で正しくても、受け手に受け入れられなければ何も起こらないのです。「理屈では分かるけれど……」と相手に言われたら負けです。それは「感情では分からない」という拒絶の言葉だからです。

◆「合理性」だけを前提とする組織の末路

政治家や経営者が「正論」を一生懸命説いているのに、なかなか国民に、地元民に、あるいは社員に分かってもらえないということがよくあります。だから国民は、社員は、意識が低いのだということはあるかもしれません。

しかし、おそらくは、そうした「正論」には「顔」がないのです。それによって、何がどうなるか、自分たちの生活、会社、あるいは将来がどのようになるか「想像」がつかないから、動けないのです。数字で客観的な証拠があるとしても、感情移入できないのです。「正論」だけでは人は動かない、動けないのです。

それは、おそらく「不合理的」でしょう。だから「合理的になれ」というのは、人が空を飛べないのに「飛べ」と言っていることと同じです。そうした「不合理」が人間にあること、あるいはそうした「不合理」があるからこそ人間であることを知って、それを「前提」とした施策をとることが上に立つ者の義務だろうと思います。

人間は理性の生き物であると同時に感情の生き物です。それはプライベートであろうが、公の場であろうが変わりません。それを忘れて「合理性」だけを求めて、あるいは「合理性」だけを前提としたとき、組織は軋《きし》んでいくのです。「仕事がつまらない」という声は、実はそんなところから出ているのです。

2 意思決定のわな——基準次第で異なる選択

意思決定に不可欠なプラスとマイナスを評価する「基準」を、私たちが無意識のうちに設定し、しかも簡単に変えてしまうとアリエリーは指摘します。さらに、その「基準」次第でどのように異なった選択をするかを、いくつもの視点から説明します。それを読むと、実際の意思決定がいかに「不合理」になされているかがよく分かります。

企業経営でも日常生活でも、私たちは意思決定せずにやりすごすことはできません。これまで意思決定を取り扱ってきた書物の多くは、いかに「合理的」にものごとを決めるべきかを説いてきました。まず、問題をはっきりさせ、その次に選択肢を洗い出し、さらにそれぞれのプラスとマイナスを定量化し、ベストを選ぶというわけです。

合理的と思われた意思決定がいかに基準次第かを、最も分かりやすく説明できる事例の1つがレストランのランチです。例えば、Aランチの値段が900円、Bランチが1200円、Cランチが1500円とします。その場合、多くの客が真ん中のBランチを選びます。しかし、もしCランチがなければ、より多くの人がAランチを選ぶのです。つまり、Cランチは「そのものを売る」以上に「比較の基準」としてBランチを魅力的に見せる役割を果たすのです。

こうした現象は、その基準に引っ張られるという意味で「アンカーリング」と呼ばれます。1992年に米国企業が経営者の報酬の詳細な開示を義務付けられたのは、そうすれば高い給料は出しづらくなると期待されたからです。実際には、より高い他社の報酬がアンカーになり、経営者の報酬は上がる一方です。

アリエリーも「私たちは、より高い給料を求めてやまない。そのほとんどはたんなる嫉妬のせいだ」と断言しています。意思決定を合理的にすることは大切です。しかし、それが「不合理的に決まった基準」に左右されやすいことも忘れてはなりません。

［ケーススタディ］

◆経営者は自分に最も都合のよい基準を選ぶ？

以前、ジョン・S・ハモンドらが書いた「Smart Choices」（邦訳名は『意思決定アプローチ』）という本から次のような合理的な意思決定を紹介したことがあります。

①問題（Problem）を正しく捉える
②目的（Objectives）を明確にする
③選択肢（Alternatives）を考える
④それぞれの選択の結果（Consequences）を考える
⑤それぞれのプラスマイナス（Tradeoffs）を比較する
⑥不確定要因をはっきりさせる
⑦どこまでのリスクを負えるかを考える
⑧その他の決定への影響を考える

最初の5つのステージの頭文字を取ってPrOACT（先手を打つこと）の大切さが強調されていました。

ただ、意思決定にしても、毎日の生活にしても「分かっちゃいるけど、できない」ことが多々あります。それは、人間の本性、つまり「不合理性」によるところが大きいのです。だからといって「合理的になれ」と怒鳴ってもすぐなれるわけもなく（そうであれば、みんな意思決定などで悩みません）、むしろそうした「不合理性」の背景にはどのようなメカニズムがあるかを知ることが、より現実的に有益です。

意思決定、あるいは物事の「善しあし」が議論されることは多いですが、意外に「基準」に関しては「当然分かっているだろう」ということなのか、見過ごされていることが多いと思います。本書でまず取り上げられるのは「善しあし」は相対的であること、したがって基準次第で結果の解釈も異なってくるということでした。

企業においても「10％の売り上げ成長」が良いかどうかは、比較の対象、例えば、一番の競争相手の成長、あるいは業界平均、または自社の過去の実績などに比べて初めてはっきりします。ただ、大体、経営者が説明するのは、経営者にとって最も「都合のよい基準が選ばれる」ことも研究で明らかになっています。またアリエリーは、報酬制度と関連して入社時の期待よりもはるかに高い報酬（30万ドル）を得ているのに、不満を口にする社員の例も紹介しています。

「ええ、ただ……」若い社員は口ごもった。「デスクが近い同僚ふたりが、働きぶりはぼくとたいして変わらないのに、31万ドルもらっているんです」

◆「自分のもの」は価値が高いと思ってしまう不合理

もう1つの、経営に関する重要な意味を持つ「基準」は「自前かどうか」です。経営の世界では、情報を共有化しなかったり、他部門がいいこと（ベストプラクティス）をしているのにもかかわらず、それを取り上げようとしなかったりする傾向を「NIH（Not Invented Here）」症候群などと言いますが、逆に自分が持つと、同じものでも価値が高いと思い込んでしまうような「保有効果」「自前主義」は「歯ブラシ理論」と呼ばれているのだそうです。誰もが歯ブラシを欲しがり、誰もが歯ブラシを必要とし、誰もが1本持っているが、誰も他人の歯ブラシは使いたがらない——という意味です。

そうした歯ブラシ理論の背景としてアリエリーは3つ挙げます。1つ目は、自分の持っているものにほれこんでしまうこと。2つ目は、手に入るかもしれないものではなく、失うものに注目してしまうこと。そして3つ目はほかの人が取引を見る視点も自分と同じだろうと思い込んでしまうことです。

結局、自分、自分の持っているもの、あるいは自分が持っているという事実を基準にしてしまうと（そういう場合が多いのですが）、本当に欲しい結果は得られないことが多いということです。「幸福な生活」を追い求める前に、「幸福とは何か」を考えてみなくてはならないことと同じかもしれません。

ちなみに、オリンピックの銀メダリストと銅メダリストの「幸せ度」の比較では、銅メダリストの方が上という調査結果が出ています。銀メダリストが金メダリストを「基準」とするのに対し、銅メダリストは4位を「基準」として考えるケースが多いためです。

3　成果主義の欠点——金銭で測れぬ働きがい

「エコノミックアニマル」である人間は、自己の利益を最大化するために行動する。これは従来の経済学の基本的な前提であり、日本中を席巻した「成果主義」の基本ロジックでもありました。アリエリーは、この点についても異を唱えています。

例えば、男性サラリーマンが家でとるはずだった夕食を仕事で外でとって帰宅した時のことを考えてください。奥さんが作った料理が食卓に並んでいます。「買ったら3000円はするな。はい、じゃあ」といって、奥さんに3000円を渡すような家庭は、普通はないでしょう。

もちろん、会社と家庭は違います。前者は市場規範（market norms）で、後者は社会規範（social norms）で動くのです。現実には家庭のように市場規範が成り立たないことは想像以上に多くあります。アリエリーが通りすがりの人にソファを動かすのを手伝ってもらう実験をしたところ、相当の報酬を出す場合だけでなく、無報酬の場合も喜んで手伝ってくれるのに、少額のお礼を出すと言うとほとんどの人が立ち去ってしまうという結果が出ています。

多くのベンチャー企業の成功を目にして、一獲千金を求める起業家は米国だけでなく、日本でも増えてきました。金銭による動機づけは、いい点もあるのでしょうが、深刻な副作用をもたらしているおそれもあります。アリエリーの言葉を借りれば「企業は従業員との社会的な取り決めをじわじわと切りくずしながら、市場規範に入れ替えるような行為をしている」ということです。

金銭面の報酬は大切ですが、それは唯一のものではありません。会社で仲間と一緒に働く喜び、仕事の達成感までを「金銭化」したとき、会社は単なる金もうけの場所に成り下がってしまうのです。「成果主義」が働きがいを示せない経営者の言い訳であってはなりません。

［ケーススタディ］

◆「日本型成果主義」の根本的な問題

いろいろな事例を読んでいると、「成果主義」といいながら、実はそもそも明確な目標がなかったり、あるいは測ることのできる部分だけを測ったりして「成果主義」とし、それで失敗したと言っているわけの分からない話も多いのです。しかし、一連の成果主義とその失敗が日本企業で多く見られたという現実の背後には、アリエリーが指摘するような大きな問題が横たわっているのではないかと思います。

そもそも、成果主義を導入した方が良いということになった背景を考えてみると、これまでの年功序列では「頑張った人」も「頑張らない人」も同じように評価され、同じような処遇を受けることになって不公平だ。「頑張る人」がやる気をなくしたり、他の会社に移ったりしてしまう。これはよくない。社員1人1人の仕事の成果を測って、それにふさわしい評価・処遇をすべきだという話であったと思います（それに伴ってか、隠れてか、人件費の切り下げを狙ったのだという話もありますが、ここではその話はおいておきます）。

成果を測るためには、当然ですが「基準」がなくてはならない（「基準」が結構不合理に設定される話は前述しました）。会社には、なんとなくビジョンや理念というものはあったのでしょうが、それがつまり何を意味するのか、どのような価値観で、何を達成しようとしているのか、何は良くて、何は悪いのかという「社会規範」はなんとなく分かっていたのでしょうが「基準」になるほどのものではなかった。そうした状況での成果主義は、業績数字、つまり「測れるもの」だけを測って、それが「成果」だという方向に走りがちです。

つまり、本来、少なくとも日本の組織とは、「社会規範」「市場規範」の双方がそれなりのバランスを持って成り立っていたはずで、その両面の「目標」「ゴール」があって、それに照らして「成果」「達成」が測られなくてはならなかったのに、「市場規範」だけでお茶を濁してしまったのが「日本型成果主義」の根本的な問題だったと思えるのです（この点について「Valuation」と「Measurement」は異なるのだと的確な指摘を10年ほど前にされているのは、経営コンサルティング会社、コーポレイトディレクション代表の石井光太郎氏です）。

◆お金でできること、できないこと

その結果として何が起こったかといえば、「仕事の完全な金銭化」です。正確に言えば、お金で測れるところだけを「仕事」という風潮です。もちろん、仕事の対価として、金銭が重要なことは間違いありません。ただ、仕事にはそれ以外のこと、例えば挑戦をした達成感、やりがい、あるいは顧客から感謝された時の喜びなど、人間の心につながる様々な社会要素があります。そうした誇りとか、わくわく感とか、妄想とか、本来「なぜこの会社で働くのか」といった大切な人間の気持ちを、ことごとく捨て去って、見えやすいところだけを金銭に表したのが多くの「日本型成果主義」であったのではないかと思います。

逆に言えば、「よい目標」を立て、それを共有化することはとても大変だから、金でごまかしたということです。そう思っている経営者はいないとは思いますが、していたのはそういうことです。皮肉なのは、こうしたことが、日本企業がそこそこ成功した後に起きたことです。まるで、お金持ちの親が、子供にコミットしないことを多額のお小遣いで正当化するかのように。

元リクルートの生嶋誠士郎氏の『暗い奴は暗く生きろ』という本には、ノルマがきつくて社員が辞めていくと思い込んでいた経営者は、実はとんでもない勘違いをしていたという話が出てきます。ある優秀な営業マンはこう答えたそうです。

「目標、あっ、それは良いんです。高くてもね。もっと高くてもいいですよ。アイツらが辞めていったのは、苦労して目標達成した時の所長の態度です。『おまえもこれでボーナス高くなるな。しっかり稼げたじゃないか』って金の話ばかり。もっと苦労話の花を咲かせたり、みんなで喜んだり、営業方法を共有する勉強会をしたりとかしたいじゃないですか。(中略)面白くないんですよ。仕事をしている共感が無い。自分も次のボーナスもらったら辞めるつもりです」

評価・報酬とモチベーションに関するアリエリーの結論は単純です。「これまでの実験から学んだように、現金ではある程度のことしかできない。社会規範こそ長い目で見たときに違いを生む力だ」「お金はたいていの場合最も高価な方法だ。社会規範は安上がりだけでなく、より効果的な場合が多い」

4 仮説思考のリスク——自分の予測を無意識に正当化

百聞は一見にしかずということわざは英語で「Seeing is believing」と訳されますが、アリエリーは「Believing is seeing」であることの証拠を次々と示します。私たちは一度、こうだと「予測」すると、結果が客観的にはっきりしたものでない限り、自分の予測に合わせて結果を解釈し、納得する傾向があるというのです。

アリエリーが本書で紹介するのは「酢を数滴たらしたビール」と「普通のビール」の双方

を試飲してもらうケースです。試飲の際に何も言わないと「酢入りビール」を選ぶ人が結構いるのに、教えると選ばなくなる人が増えるのです。「コーヒーを飲む雰囲気が高級だと、コーヒーの質も高級に感じる」といった例も引き合いに出しています。同じワインなのに、異なる価格を提示して試飲してもらうと、高い方がいい味だという人が増えるという話を聞いた人も多いでしょう。

問題解決には、まず仮説を立て、それを検証することにより真の結論を導き出す「仮説思考」が重要です。しかし、さまざまな情報の中から「仮説」あるいは「予測」を正当化する情報だけを集めてきて、「やっぱり正しい」などと考えてしまうリスクも知っておくべきです。さらに、それはしばしば「無意識」に行われているということにも注意した方がよいでしょう。

人間はもともと「不合理」なものです。しかし、その不合理さは「予想どおり」のことであり、「不合理である」という前提でどのように対処できるのかを指摘してきたのが本書です。「不合理」であることは必ずしも悪いことではありません。「人間とはなんと素晴らしい傑作か！」というシェークスピアの言葉どおり、人間の本質に基づいた意思決定や制度作り、経営こそが人間の持つ限りない可能性を開花させうるのです。

［ケーススタディ］

◆暗示は確信を生み、人の体まで動かす

人が「予測」したとおりに物事を見る、つまり「Believing is seeing」であることはプラセボ（偽薬）効果でも明らかです。つまり、暗示が信頼や確信を生み、それが人の体までを動かすのです。本書では、単なるビタミンCの錠剤を渡して痛み止めの新薬であると説明すると、実験者のほぼ全員が効いていると答える例が挙げられています。さらに面白いのは、値引きをすると、効果も下がることです。「わたしたちは値引きされたものを見ると、直観的に定価のものより品質が劣っていると判断する。そして、ほんとうにその程度のものにしてしまう」のです。顧客にとって価格とは、コストプラス適正利潤以上の意味を持っているのです。

プラセボ効果は「ロイヤルタッチ」、例えば、「ある霊能者が盲目の患者の目に触っただけで目が見えるようになった」といったような話も含まれています。いかにもうさんくさいですが、患者が信じている限りそうした治癒の可能性は否定できません。プラセボ効果によって心が体に影響を及ぼす仕組みについては、まだまだ未解明の点が多いことも指摘されています。

さらにアリエリーは、自らの全身やけどの治療（本書にはあちこちに出てきますが）のために、ジョブスト・スーツという全身スーツを着用した体験にも触れます。すごい効果の見込めるスーツだという鳴り物入りで、アリエリーも大興奮したらしいのですが、「結局、スーツで得られたのは、スーツ着用に伴う苦痛だけだった」のです。もちろんやけど患者に、偽スーツと本当のスーツを着せて実験するということは倫理上無理だろうがと前置きをして、それでももっとプラセボ効果の実験をする価値があるテーマがいくらでもあると彼は指摘します。

こうした点と関連して、アリエリーは「ステレオタイプ」の問題にも触れています。例えば「女性は数学が苦手だ」などというステレオタイプは、そうした考えを抱く男性側だけでなく、抱かれる女性側の行動も変えてしまうのです。

アリエリーはそうした「決められた見方」「ステレオタイプ」は、しばしば長い歴史、教育の中で培われてきたことも多く、イスラエルとパレスチナ、米国とイラク、インドとパキスタン、の長い紛争の例を挙げ「真実は1つ」などという「合理的な考え方」は通用しないのだと、ナイーブな政治家に警鐘を鳴らします。

◆最大の弊害は「成功体験のワナ」

「Believing is seeing」であることは必ずしも悪くありません。人間に予測能力があるから、切れ切れの会話も理解することができますし、100％単語が分かっていなくても外国語でコミュニケーションすることができます。逆に予測能力がなければ、経験も生きませんし、常に一から挑戦することになり、危なっかしくて仕方がありません。

しかし、弊害もあります。その最大のものは「成功体験のワナ」と言われるものです。これまで、こうして成功してきたのだから、これでやれ。仮に失敗しても「努力が足りない」「もっとやれ」ということで、自分の「成功パターンの予測」にこだわり、あるいはそうした視点からしかデータを解釈せず、結果として手遅れと言っていいほど業績が悪化して初めて「もしかしたら、自分の予測が間違っていたのでは」などと気づくケースです。

繰り返しになりますが、本書のポイントは、不合理が悪だとか、なくせということでは決してありません。人間には、そうした愛すべき側面があることをよく理解し、プライベートにしても、経営にしても対処することが必要であるということです。こうした不合理的な思い込みが多いことを前提に、アリエリーは「実験」の重要性を別著『不合理だからすべてがうまくいく』でも指摘しています。ただ、まさにその「思い込み」のために、実験が軽視されていることも事実です（私も以前「やってみなければ分からない」の論旨で本を書いたことがありますが、あまり売れなかったのは同じ理由かもしれません）。

そうした点を踏まえ、最後にアリエリーの問題意識をもう1つ挙げておきます。「第六感や直感を大切にしたいから、科学的実験なんかいっさいやめてしまおうという人には、これまで会ったことがありません。とはいえ、特に企業方針や公共政策の重要な決定にかかわる問題では、実験の重要性があまり広く認識されていないことに私はいつも驚かされます」

11

『ファスト&スロー』
ダニエル・カーネマン著
——直感のワナとデフォルトの魔力

清水勝彦（慶應義塾大学）

ファスト&スロー——あなたの意思はどのように決まるか？／
Thinking, Fast and Slow　2011年
ダニエル・カーネマン（Daniel Kahneman）著
邦訳：早川書房NF文庫（上）（下）、2014年／村井章子訳

1　「正しいこと」が通らないわけ――バイアスは人間の本性

本章ではカーネマン教授の（行動経済学の、と言ってもいいでしょう）集大成の著作『ファスト＆スロー』を見ていきます。人間の非合理性に関する書籍は前章でも取り上げました。私がこれにこだわるのは、「正しいこと」は企業や個人の成功に「必要条件」ではあっても「必要十分条件」ではないと思うからです。

「正しい戦略」を立案したのに上司らの協力が得られなかったり、「合理的な意見」を言っても分かってもらえなかったりした経験は多くの人がしているはずです。そうした不思議を理解し、組織を成功に導く「十分条件」に対するヒントが本書にあると思うのです。

教授は2002年にノーベル経済学賞を受賞しました。当時のアメリカ心理学会は「心理学が科学と認められた」といったプレスリリースをしています。彼が証明した意思決定にかかわるバイアス（先入観や偏見）は、「愚かな人間の問題」ではなく「普通の人間の性向」であることが公に認められたのです。

タイトルの「ファスト」とは直感（システム1）を、「スロー」とは時間をかけて熟慮する知的活動（システム2）を指します。合理的で「考える葦《あし》」のはずの人の意思決定の大半は実はシステム1に委ねられています。その方がエネルギーを使わず効率的なだけでなく、「おおむね正しい」のです。が「時には決定的に間違っている」のです。

その間違いをシステム2がチェックできればいいのですが、人間の注意力は有限なので簡単になくなってしまうのです。カーネマン教授はそれをやゆして「システム2は怠け者だ」と言います。

システム1でも専門家が長年の訓練と経験で得た「直感」は別です。ただし、専門的直感が意味を持つのは一定の規則性のある事象に限られ、株などの予測ではあまり役に立ちません。ウソだと思われる方は、毎年1月3日に日本経済新聞に掲載される予想を年末に確かめてみてください。

［ケーススタディ］

◆直感の間違いは気づきにくい

システム1は、自動的に努力なしに発動します。一方でシステム2は怠け者です。結果として、システム1が間違いを犯しても、システム2が気付かないということが起こります。

例えば次のような問題を考えてください。

バットとボールは合わせて1ドル10セントです。
バットはボールより1ドル高いです。
ではボールはいくらでしょう?

当然10セントだ!とひらめいた方、残念ながら間違いです。なんとなく直感でいくとそうなるのですが、だとすれば1ドル高いバットは1ドル10セントで合計1ドル20セントになるからです。

「こんな簡単な問題、何言っているの?」と思うかもしれません。しかし実際の調査ではハーバード大学、マサチューセッツ工科大学、プリンストン大学という超エリート大学の学生の50%以上が直感的な答えを出した、つまり間違ったというのです。

何が問題かと言えば、ちょっと検算すればすぐ間違いだと分かるのにしないという事実です。システム2を少しだけ発動させればよいのですが、「簡単」と思う問題に対して私たちはそれをしないでシステム1に任せることが多いのです。そして、間違っていることにも気づかないのです。

考えてみると、こんなことは結構ありませんか？　会議をしたり、部下に指示を出したりするのも「ルーティン」になってしまって、ちょっと考えればもっといい指示ができるのにしないとか、部下の様子が変なのに気づかないとか。問題がどうしようもないくらい大きくなってから、振り返ると「そういえば」ということはないでしょうか。無意識のうちにシステム1に支配されていて何の疑問も持たないことは日常生活でも、組織にでも多いのです。

◆人の注意力には限りがある

注意力、意志力には限界があります。人によってその量は違っても、上限があることには変わりません。実際に、難しい仕事と簡単な仕事をランダムにアサインして、その終了後に「ケーキを何分待てるか」なんていう実験をすると、前者の方が待てないという結果が出ています。仕事で意志力を使い果たしたからです。

また、本書ではイスラエルで行われた「仮釈放審査」の例が載せられています。8人の判定人の結果を見ると、「休憩直後の許可率が最も高く、65％の申請が認められた（平均は35％）。その後は次の休憩までの2時間ほどの間に比率は一貫して下がっていき、次の休憩直前にはゼロ近くになった」のです。疲れておなかのすいた判定人は、申請を却下するという安易な「初期設定」に走ったのです。

これには2つの示唆があります。1つは、もし上司の許可を得ようとか、顧客企業に競合から当社に変えてもらおうと思っているのであれば、意思決定者の「注意力」あるいは「知的エネルギー」がちゃんと残っているタイミングを見計らうことが重要です。午前中最後とか、夕方遅くとかはやめた方がいいということです。もちろん、食事しながらということであれば、全く話は変わってくるでしょう。

もう1つは、自分が意思決定者だった場合、どの課題に有限な注意力を払うのかに気をつけなくてはなりません。イスラエルの判定人も、手を抜こうとしてやっていたわけではなく、注意力が下がってしまった結果、システム2からシステム1に知らない間に切り替わってしまったのです。もちろんそういう状況でしなくてはならない場合もありますが、しなくてもよいように資源配分（つまり注意力配分）を常日頃から考えることが大切です。

◆見ようとしなければ見えない

さらに注意力の有限性は、時系列だけではなく、現在でもそうです。時々「マルチタスキング」などといわれ、うちの二男はテレビゲームの画面をモニターに出したままで勉強をしていました（しているふりをしていた？）が、注意力が散漫になります。

1つのことに集中している場合、そこに明らかに別の話やモノが出てきても気づかないということもあります。例えば、ある本にも書いたのですが、「炭鉱のカナリア」という話があります。有毒ガスが出る可能性のある炭鉱では、敏感なカナリアがどうふるまうかがガスの有無を示しますので、みんな真剣に見ます。しかし、日常、例えば通勤途中にスズメやカラスが元気かどうかなんていうことを気にする人はほとんどいないでしょうし、いたのかどうかすら気づかないでしょう。ところが、今まで気にしなかったのに、一度カラスにごみを荒らされたりすると、今度はちょっと鳴き声がしただけで気になったりします。

要は、「見ようとしなければ見えない」のです。会社の中でも、問題意識、あるいは会社をもっと良くしようとする意識がなければ、たとえそうした可能性がどれだけあっても「見えない」でしょう。注意力は、今日のデートだとか、子供の成績に使い果たされているかもしれません。

そうした「見ようとしなければ見えない」例として使われるのが「Invisible Gorilla（見えないゴリラ）」というビデオです。インターネットで検索すれば簡単に見られますので、ご自分でぜひご覧になってください。

2　直感の落とし穴――「もっともらしい」をうのみに

システム1、つまり直感で答えが導かれるプロセスを「ヒューリスティクス」と言います。語源はアルキメデスが風呂から飛び出して叫んだ「ユーレカ＝見つけた」にあり、「困難な問題に対して適切ではあるが往々にして不完全な答えを見つけるための単純な手続き」という意味です。

前節で説明したようにバイアスにつながる共通メカニズムは、「近道」「効率よく」「エネルギーを使わないで」答えを出すという点です。本書ではヒューリスティクスが生むバイアス、落とし穴が挙げられています。

1つは認知容易性（cognitive ease）です。①繰り返された経験②見やすい表示③過去の体験が連想を誘導するアイデア――はポジティブに判断されます。例えば、発音しやすい言葉に対しては好感度が高く、「株式公開直後の1週間は発音しやすい名前の会社の方が、そうでない会社より株価が上がる」という研究もあります。④本人の機嫌がよい時、もそうです。いつ上司に自分のアイデアを提案するかの参考になります。

2つ目は因果関係を単純化して理解する性向です。「私たちの思考は自動的に原因を探すようになっている」ので、本当の原因は何なのかを考える前に「もっともらしいアイデア」に飛びついてしまうのです。本書には株価の変動について「正反対の結果を1つの事例で説明する」例がありますし、顧客ニーズを探るグループインタビューを「お金を払ってもっともらしいことを言う活動」とからかう人もいます。

3つ目はもっともらしい、よく目にするだけで飛びついた結論を（無意識に）正当化してしまう「確証バイアス」です。システム1・直感は「信じたがり」なのである意味効率的ですが、「ありそうもない異常な出来事が起きる可能性を示唆されたり、誇張して示されたりすると無批判に受け入れやすい」のです。どこかで聞いた話です。

［ケーススタディ］

◆見たものがすべて？

こうしたバイアスのベースにあるのは「つじつま合わせに走るシステム1と怠け者のシステム2の組み合わせ」によるところが大きいことはすでにお分かりと思います。

よく言われる「ハロー効果」もこの1つの例です。「ある人のすべてを、自分の目で確かめてもいないことまで含めて好ましく思う（または全部を嫌いになる）傾向」のことです。例えば、大統領の政治手法を好ましいと思っていたら（あるいは先生の教え方がうまいと思っていたら）、大統領の容姿や声も好きである可能性が高い（そしてその逆も）と言われています。

システム１の動きは、情報の量とか質とかではなく、何しろ自分の見たものすべて（What You See Is All There Is）という意味で、ＷＹＳＩＡＴＩという略語が作られているほどです。

◆難しく考えた方が「もっともらしい」

自分の感じるもっともらしさを重視し、客観的な「確率」を無視してしまうこともあります。有名な「リンダ問題」を読んでください。

> リンダは31歳の独身女性。外交的で大変聡明である。専攻は哲学だった。学生時代は、差別や社会主義の問題に強い関心を持っていた。また、反核運動に参加したこともある。
> ここで問題です。リンダは①銀行員②フェミニスト運動に熱心な銀行員、のどちらだと思いますか？

この質問に対して、回答者ほぼ全員が「ただの銀行員」ではなく「フェミニスト銀行員」と答えるのです（スタンフォードのビジネススクールで意思決定科学コースに在籍する博士課程の学生にこの問題を聞いた時も、85％の学生が「フェミニスト銀行員」である可能性を「銀行員」である可能性よりも上位だと答えたそうです）。

ベン図を思い出して少し考えれば分かるように、「銀行員」の方が「フェミニスト銀行員」よりもより広い範囲をカバーしており、そちらの確率の方がはるかに高いはずです。しかし、「銀行員」のステレオタイプと比べたとき、リンダはそれに当てはまらず、「もっともらしくない」のです。「一般的にはそうかもしれないが、この場合は違う」と思うのは、企業の意思決定にも多く見られます。クライスラーを買収した時のダイムラーのシュレンプCEOも「大型買収は失敗するケースが多いが、当社は違う」と言って、やっぱり失敗しました。

また医師の診断や株価の予想などでは、専門家の判断よりも客観的なアルゴリズムやチェックリストの方がより効果的なことが分かっています。20世紀を代表する心理学者、ポール・ミールの言葉を引用しながら、カーネマン教授は次のように指摘します。

「専門家は賢く見せようとしてひどく独創的なことを思いつき、いろいろな要因を複雑に組み合わせて予測を立てようとするからだ。めったにない特殊なケースではそうした複雑な予測がうまくいくこともあるかもしれないが、たいていは的中率を下げるだけである。主な要因の単純な組み合わせのほうが、うまくいくことが多い」

◆あっさり質問を置き換えていませんか?

そもそものヒューリスティクスの定義にあるように、「脳の驚くべき特徴の1つはめったにうろたえないこと」です。そのようにシステム1ができているからですが、例えば「ある問題をどうしても解けないときは、自分に解けそうなより簡単な問題を探す」ことになります。その例が表11-1であらわされています。

こうした質問の置き換えは、システム1が無意識に行っています。そして、怠け者のシステム2は大体の場合最小限の努力で済ます、つまりあっさりとそうだと思ってしまいます。したがって、私たちは「ひどく頭を悩ませることもなく、本来答えるべき質問に答えていないことにさえ気づかない。しかも直感的な答えがすぐさま浮かんできたのだから、ターゲット質問が難しかったことにさえ気づかないだろう」

「分かりやすく説明しなさい」と私もよく学生に言っていますし、そのように上司に言わ

表 11-1 ターゲット質問とヒューリスティック質問

ターゲット質問	ヒューリスティック質問
●絶滅危惧種を救うためにはいくら寄付するか？	●瀕死のイルカを見かけたらどんな気持ちになるか？
●現在の生活はどれくらい幸福か？	●今の自分は気持ちがいいか？
●今から6カ月後の大統領の支持率はどの程度か？	●今現在の大統領の人気はどの程度か？
●高齢者をだましたファイナンシャルアドバイザーにはどの程度の刑罰を与えるべきか？	●金融詐欺に自分はどれくらい怒りを覚えるか？
●次の予備選挙に立候補予定のこの女性は、政界でどこまで出世するか？	●この女性はだれか政界の大物と似ているか？

れたり、部下に言ったりした方は少なくないはずです。ただ、もしかしたら「分かりやすさ」は、本質的な質問を、ヒューリスティックな質問、より心にアピールしそうな質問に置き換えているだけかもしれません。「リンダ問題」のように、その方が「もっともらしい」場合も多いのです。

「If you don't read the newspaper, you're uninformed. If you read the newspaper, you're misinformed.」。つまり新聞を読まないと無知になるが、新聞を読むと間違った情報にふりまわされるということです。『トム・ソーヤーの冒険』などで有名な米国の作家、マーク・トウェインの言葉です。

3　変われない理由――プラスよりマイナスを意識

第1節では「正しいことを言っても分かってもらえない」という組織人なら必ず経験する悩みから始めました。本節ではこの問題に正面から取り組んでみたいと思います。

カーネマン教授のノーベル経済学賞受賞の原動力は、同僚の故トヴェルスキー教授と提唱した「プロスペクト理論」です。同理論で特に重要なのは、①人間の損得に対する反応は対称ではない②そもそも損得を決める基準（reference point）がカギ、の2点です。

「良い意思決定」をすることは重要ですが、「良い」「悪い」の「基準」に関して深く考える機会がないのではないでしょうか？　実はこの「基準＝reference point」がくせ者なのです。

システム1のおかげで、私たちは「無意識」にこの「基準」を設定しています。その「無意識の基準」で最も多いのが「すぐ目に見える現状」、つまりデフォルトです。一度決めたことは変えたくないというのがその代表例です。現状維持は低リスクで、何だかんだ言って楽なのです

損得の非対称性ということで、コイン投げを考えてみましょう。「裏が出たら100ドル支払う、表が出たら150ドルもらえます。やりますか?」というものです。筆者のクラスでも時々聞くのですが、やるという人は多くて1割程度です。

カーネマン教授は多くのテストを通じてこの「損失は利得より強く感じられる」ことを立証しました。このギャンブルの期待値はプラスなので、「合理的」に考えればやる価値はありますが、多くの人は損の2倍の得が見込めない限りギャンブルに乗りません。

そう考えると、じり貧の企業で改革ができないのも納得がいきます。現状ではダメだと分かっているが、今は大丈夫だし給料も出ている。もし、新戦略を打ち出して、大失敗したらどうするの……と、偉い人たちは思うわけです。デフォルトの魔力を解かない限り、新たな一歩は望めません。

[ケーススタディ]

◆デフォルトと後悔

デフォルトの魔力を示すもう1つの例があります。次の問題を考えてください。ポールとジョージ、どちらがより後悔したと思いますか?

ポールはA社の株を持っており、A社を売ってB社の株に乗り換えようか昨年1年間迷っていましたが結局やめました。ところが今になって、そうしていれば1200ドルの利益が得られたことが分かりました。

ジョージはB社の株を持っていたのですが、昨年売ってA社の株に乗り換えました。ところが、今になってB社の株を持ち続けていたら、1200ドルの利益が得られたはずだと分かりました。

実験結果は極めて明らかでした。なんと92%がジョージと答えたのです。客観的に見れば、2人ともA社株を持っており、1200ドル儲けそこなったという全く同じ結果であるにもかかわらずです。

一般には「行動した場合と、行動しなかった場合では、前者の方が後悔が大きい」と言われるのですが、カーネマン教授は本当の要因は「デフォルトを維持したか、デフォルトから離れたか」であると指摘します。デフォルトは常に頭にあるので、それから「わざわざ」かい離した行動をとって失敗すると、デフォルトとの比較でより後悔が高まるのです。

組織の中で考えてみれば、それは「後悔」だけではなく「非難」であったりします。既存路線を取って今一つ業績が上がらない場合と、わざわざ新戦略を（反対者を説得して）実施したのに業績が上がらない場合、どちらの経営者が責められるかは容易に想像がつくところです。

「リスクをとれ」なんてよく言いますが、人間の行動様式に埋め込まれているシステム1が「デフォルトから離れる」ことにどう反応するかを考えなくてはなりません。当然システム2にお出まし願う必要があるのですが、そのためには当該問題に集中できる環境をつくらないと、すぐに疲れるシステム2は第1節で申し上げたように、注意力のいらないデフォルトにすり寄ってしまいます。

生死のかかった医療の場面でもそうしたデフォルトの影響力が強く出るそうです。「革新的な治療法のほうが患者には効くと考えていても、うまくいかないかもしれないし、失敗すれば後悔するし、訴えられるかもしれない」「一般的には治療はうまくいくものと考えられているからである」という指摘は、ミスをしないことがデフォルトになっている、例えば企業のIT（情報技術）部門の方には深くうなずいていただけそうです。

◆損、得、確率

プロスペクト理論のもう1つの大きな貢献は、私たちが「めったに起こりそうもない出来事は無視されるか、または過大な重みをつけられる」ことを実証的に示したことです。特に後者を考えてみると私たちの肌感覚でも、「100%安心」と「99%安心」の1%と大きな意味があることは日常よく感じるのではないでしょうか。だからこそ家電の「延長保証」なんていう話があるとついつい契約したくなります。たとえ、そうした保険が家電小売店に莫大な利益をもたらしているとしても（少なくとも米国ではそうです）。

これを先述の「損失回避」の性向と合わせて、1万ドルの損害賠償訴訟のケースに当てはめたマトリックスが表11-2です。プロスペクト理論の現実的な示唆を分かりやすく示しています。

「めったに起こりそうもない出来事」が無視されるか、過大に重視されるかの境目は、鮮明にイメージできるか、そして経験しているかであると指摘されています。その一例が、カリフォルニアでの地震への関心と日本での地震への関心の違いです。過激派組織「イスラム国（IS）」の人質事件についてもそうでしょう。脳裏に焼き付いたイメージは、めったに起こらないとしても「もし誘拐されたらどうしよう」という心配を海外在住の方々の間で増

表11-2

	得（原告側）	損（被告側）
高い確率	95％の確率で１万ドルもらえる 万一の落胆を抑える リスク回避 不利な調停案も受け入れる	95％の確率で１万ドル失う 何とか損を防ぎたい リスク追及 有利な調停案も却下する
低い確率	5％の確率で１万ドルもらえる 大きな利得を夢見る リスク追及 有利な調停案も却下する	5％の確率で１万ドル失う 大きな損を恐れる リスク回避 不利な調停案も受け入れる

幅しているのではないでしょうか？

合理的である方がよいのか、安心である方がよいのか、どちらがよいという「基準」は何なのか、人間というものは複雑です。そして、そこにビジネスチャンスや、企業としての差別化のカギがあったりします。

4 酔っ払いのジレンマ――本人は正気のつもり

本章の解説で、私たちは合理的、論理的であるつもりなのですが、現実には無意識のシステム１に従って意思決定することが多いことをご理解いただけたのではないでしょうか。

①目の前の個別事象（あるいは人）を重視し②客観的な確率を無視し③間違ったと言われても根拠があいまいな直感や信念に引っ張られて行動を変えないことが多い――の

です。

カーネマン教授が指摘するように、心理学から学べることは「新たな知識が増えたかどうかではなく、遭遇する状況の見方や認識の仕方が変わったかどうか」です。「見方が変わった」といっても、それは自分のシステム1が言っているだけかもしれません。「俺は酔ってない」とクダを巻くオジサンと同じです。他人から見れば悪酔いは明らかでも、本人は真剣に「酔っていない」と思っているのです。「見たものが全て」のシステム1と「怠け者」のシステム2を手なずけることは容易ではありません。それではどうしたらよいのでしょうか？

カーネマン教授は「システム1に教えても無駄」「私が進歩したのは、エラーが起こりそうな状況を認識する力だけである」と控えめですが、そもそも自分がバイアスのある直感に左右されていることを認識するだけでも、「分かったつもり」「俺は正しい」と思い込むよりましです。

また、自分の直感を疑うことは難しくても、「他人が地雷原に迷い込もうとしているのを指摘するのは簡単」です。その意味で人間の意思決定というのは酔っ払いと同じで、「おかしい」と指摘してくれる誰か、しかも信頼できる人がいるかどうかが大切なことだと思います。

自分のやりたいようにやる（直感に従う）ことは快いし、他人の助言を聞くのは苦痛です。しかし、スポーツ練習の後の筋肉痛のように、痛みは自分の成長を教えてくれるシグナルなのです。

［ケーススタディ］

◆自信過剰

なぜ分かっていてもシステム１に引っ張られてしまうのか、そして他人の話を聞くのが苦痛なのか、その背景にあるのは、人間の自信過剰になりやすい性質と関係があります。

できないのにできると思っていたり、危ないのに大丈夫と言ったり。それは頭が悪いとか、世の中の厳しさが分かっていないということではなく、本気でそう思っているのです（多くの場合、それはいい方向に働きます）。結果として「危機感」がなかなか生まれてこないというのもあるのではないでしょうか。

『ファスト＆スロー』では第３部全体（19章～24章）を使ってこの自信過剰について考察を加えています。「90％のドライバーは、自分の運転は平均以上だと思っている」という例から始まり、アルゴリズムとの関係について前述しましたが、専門家に厳しいコメントがずいぶん並んでいます。

採用に関しては面接を重視する企業が多いのですが、カーネマン教授は「面接で最終決定をする方法は精度を下げる」と言い切っています。「面接官は自分の直感に過剰な自信を持ち、印象を過大に重視してその他の情報を不当に軽視し、その結果として予測の妥当性を押し下げる」のです。

実際にカーネマン教授はイスラエル国防軍で幹部養成学校生を選抜するためリーダーシップ能力評価を担当していました。いろいろな課題を与え、綿密に観察し、同僚と意見交換をしながら（とはいえほとんど意見の不一致はなかったそうです）この役目を達成したのですが、どんでん返しがありました。幹部養成学校の教官のフィードバックと自分たちの評価とは全くかけ離れていたのです。

さらに、もう1つのどんでん返しがありました。そのまま引用します。

> 前回の失敗の証拠をあれだけはっきりと示されたからには、多少自信が揺らいでもよさそうなものだが、全然そうはならなかった。……自分たちに予測能力などないことを

一般的な事実として知っていたにもかかわらず、個別のケースになると自信が一向に揺るがなかった。
かくして私は、最初の認知的錯覚を発見したのである。

◆後知恵バイアス（hindsight bias）

自信過剰と関連してよくみられるのは（専門家だけではないですが）「実際に事が起きてから、それに合わせて過去の自分の考えを修正する傾向」、つまり「後知恵バイアス」です。カーネマン教授は次のように言います。

私は『2008年の金融危機は避けられないことを事前に知っていた』とのたまう御仁をたくさん知っている。……危機があるかもしれない、と事前に考えた人は確かにいるだろう。だが、この人たちは、あると知っていたわけではない。今になって『知っていた』というのは、実際に危機が起きたからだ。よく使われる言葉の中では、直感や予感も、正しかったと判明した過去の推測についてだけ使われている。

こうした後知恵バイアスは「後からとやかく言われたくない」ということで、リスク回避を助長（病院では万が一のために検査を連発したり、会社では少しでも関係ありそうな役員すべてに稟議を回したり）する一方で、「一発屋」をヒーローにしたりします。

これは、先ほどの「損失回避」の逆で、失うものがない、あるいはどちらにせよ失うだけという場合に、人は逆にリスク追及型になります。

例えば、ハーバードビジネスレビューにもありましたが、失うものがない泡沫アナリストは極端な予測をした方がよいのです。そしてたまたま当たると「○○を予想した」なんてどかどかと宣伝して本なんかを出します。アルゴリズムの方が専門家の予測よりも正しい場合が多いと前述しましたが、極端な予想が当たる場合はほぼまぐれです。2回目はないと思ったほうがいいでしょう。

◆死亡前死因分析（premortem）

こうした自信過剰、楽観的であることは、リスクを負って一攫千金を狙う起業家が出てくるという意味では、人間にとっては大切な性格でもあります。ただ、常に成功、失敗の可能性を冷静に見ることも必要です。そうした失敗を最小化するために、本書では1つのアイデア「死亡前死因分析」が示されています。

> 今が1年後だと想像してください。私たちは先ほど決めた計画を実行しました。すると大失敗に終わりました。どんなふうに失敗したのか、5~10分でその経過を簡単にまとめてください。

これによって、計画が進むとなかなか反対意見を言えなくなる(言うと会社や上司に対する忠誠心を疑われたりする)グループシンク(結果として、個人よりもグループの方がより過激に自信過剰になることも多いことが報告されています)を打ち破り、自由な意見交換をしやすくなります。

自分を知ることは1人ではむずかしいと言いましたが、このアイデアが、カーネマン教授の「敵対的な共同研究者」であるゲリー・クラインから提唱されたというのも何か示唆的です。

楠木建（くすのき・けん）　第5章（2015. 6）
一橋大学大学院国際企業戦略研究科教授。専攻は競争戦略。企業が持続的な競争優位を構築する論理について研究している。一橋大学大学院商学研究科博士課程修了（1992）。一橋大学商学部専任講師、同大学同学部助教授、同大学イノベーション研究センター助教授、ボッコーニ大学経営大学院（イタリア・ミラノ）客員教授、一橋大学大学院国際企業戦略研究科准教授を経て、2010年から現職。

赤羽陽一郎（あかばね・よういちろう）　第6章（2011. 12-12. 1）
アクセンチュア　戦略コンサルティング本部マネジング・ディレクター
1993年早稲田大学政治経済学部卒業、日本長期信用銀行（現新生銀行）入社。99年アクセンチュア日本法人に入社し電機・通信業界を中心に担当、2009年からサプライチェーンの戦略立案を統括する。

関一則（せき・かずのり）　第7章（2013. 11-12）
アクセンチュア　製造・流通本部一般消費財・サービス業界グループ統括マネジング・ディレクター
慶應義塾大学理工学部修士課程卒業。1994年アクセンチュアに入社。2008年より一般消費財・サービス業界グループを統括する。製造・流通業界を中心に経営戦略策定から業務設計・システム化・変革実行推進など多くのプロジェクトに携わっており、特に営業・マーケティング領域における豊富なコンサルティング経験を持つ。

清水勝彦（しみず・かつひこ）第10章（2012. 8）　第11章（2015. 4-5）
慶應義塾大学大学院経営管理研究科（ビジネス・スクール）教授
東京大学法学部卒業、ダートマス大学エイモス・タックスクール経営学修士（MBA）、コーポレイトディレクション（プリンシプルコンサルタント）を経て、2000年テキサスA&M大学経営学博士（Ph. D.）。同年テキサス大学サンアントニオ校助教授、06年准教授（テニュア取得）。10年から現職。専門は戦略立案・実行、M&Aを含む企業変革、及び日本企業のグローバル化。近著に『実行と責任』『戦略と実行』（日経BP社）などがある。

＊章の右側のカッコ内の数字は、初出掲載年月

執筆者略歴一覧

岸本義之（きしもと・よしゆき）　第1章（2013. 5-6）
ブーズ・アンド・カンパニー株式会社　ディレクター・オブ・ストラテジー〈執筆当時〉
東京大学経済学部卒業、米国ノースウェスタン大学ケロッグ校MBA、慶應義塾大学大学院経営管理研究科Ph.D.。マッキンゼーを経て現職。早稲田大学大学院商学研究科客員教授を兼務。20年以上にわたって、金融・サービス・自動車などの業界のマーケティング領域のコンサルティングに従事してきた。

平井孝志（ひらい・たかし）　第2章（2015. 5-6）　第8章（2014. 8）
ローランド・ベルガー　執行役員シニアパートナー
東京大学教養学部基礎科学科第一卒業、同大学院理学系研究科相関理化学修士課程修了、マサチューセッツ工科大学（MIT）スローンスクールMBA。学術博士（早稲田大学）。ベイン・アンド・カンパニー、デル、スターバックス、ネットベンチャーを経て現職。消費財、ハイテク、グリーン関連業界など幅広い業界において、中期経営計画・ビジョン策定、営業・マーケティング戦略策定、組織改革などの支援を行う。早稲田大学ビジネススクール客員教授、慶應義塾大学特別招聘教授を兼務。

岸田雅裕（きしだ・まさひろ）　第3章（2013. 11-12）　第9章（2014. 2-3）
A.T. カーニー株式会社マネージングディレクタージャパン（日本代表）／パートナー
東京大学経済学部卒業、ニューヨーク大学スターンスクールMBA修了。パルコ、日本総合研究所、米系及び欧州系経営コンサルティング会社を経て、A.T. カーニー入社。専門は消費財、小売、外食、自動車など。著書に『マーケティングマインドのみがき方』『コンサルティングの極意』（東洋経済新報社）がある。

森下幸典（もりした・ゆきのり）　第4章（2014. 3-4）
プライスウォーターハウスクーパース株式会社　パートナー
慶應義塾大学商学部卒業。世界157国、195,000人以上のプロフェッショナルを有するPwCのネットワークを活用し、クライアントの経営課題解決のために経営戦略の策定から実行まで総合的に取り組んでいる。3年間のロンドン駐在を含め、国内外の大手企業に対するグローバルプロジェクトの支援実績多数。

日経文庫1341

戦略・マーケティングの名著を読む

2015年 8 月17日　　1 版 1 刷

編　者　日本経済新聞社

発行者　斎藤修一

発行所　日本経済新聞出版社

http://www.nikkeibook.com/

東京都千代田区大手町1-3-7　郵便番号100-8066

電話（03）3270-0251（代）

装幀　next door design

印刷・製本　シナノ印刷

ISBN 978-4-532-11341-4